大是文化

劉琳 著

暢銷書作家、人際溝通專家

如何問，別人肯說 如何說，別人想聽

哪些話你得直說、反說、迂迴說，
甚至不要說，
最快得到你想要的結果。

CONTENTS

第二章 問對問題，人心根本不難測 49

第三章 不知道說什麼？那就問問題吧！ 77

CONTENTS

Part II 如何說，別人想聽

CONTENTS

推薦序一

想要笑傲職場你需要問得巧，說得妙

暢銷書作家／林哲安

根據我過去二十年的職場經驗，深感無論你想加薪升遷、想擁有好的人際關係，還是想提升收入，你一定要具備良好的溝通能力，而我發現溝通就是「問」與「說」的過程。有次我去住家附近的麵包店買早餐，聽到一段驚人的對話：

一位女士問店員：「我只是進來想吃個東西，請問你會介紹我什麼呢？」

店員：「妳自己看看有沒有想吃什麼。」

後來那女士看一看就走了！

我心想：「店員怎麼會這樣問？」

如果是我，我會問那位女士：「請問妳想吃甜的？還是鹹的？」

每次我去逛服飾店，店員都會很熱情招呼：「帥哥！請問你想要找什麼？」其實我壓力都很大，我喜歡一個人先靜靜的看，若有問題我會問店員，不知道你是否也跟我一樣？有一次我一踏進男裝店，有位壯男馬上前來跟我握手：「先生，你好！很高興跟你做個朋友！」我嚇死了！我根本不認識他，為什麼要跟他握手啊？

從學校到出社會工作，我們往往只學會該如何說，卻很少有人會教我們如何問。在溝通上，我們往往最討厭對方沒有同理心、問話白目、語帶壓力，讓人難以親近和繼續說下去。而這本書解決了上述問題。其中讓我印象最深刻的案例之一，是有一個主管跟部屬的對話，讀者可以從中學到，高明的管理者如何透過「提問」，引導部屬快速找到答案並且成長。

如果你想知道如何問問題，讓對方願意回答，進而獲得你想要的答案，這本書可以幫助你問出好問題；如果你不想成為句點王，讓你的話語能深入人心，這本書可以幫助你說得動聽，讓人歡欣。我會推薦這本書是因為三大特點：

- 這是一本適用於職場工作和日常生活的說話書，各行各業皆適用，且淺顯易懂。
- 作者在書中列舉了大量的故事與案例，涵蓋業務銷售、領導管理、親子教育等，讓我們從中更懂得如何問與說，並活用在工作生活中。
- 附錄更提供了三十五種溝通方法的貼心提醒，讀者可以定期看看這三十五條，藉以檢視自己和提醒自己。

最後祝正在看這本書的你，學以致用，成為溝通高手，笑傲職場。

推薦序二

提升有意識表達，你也能掌握人生！

小大人表達學院創辦人、聲語表達講師／林依柔

你有留意過自己的思想和表達的內容是否一致嗎？或自己的說話語調和呈現出來的感覺是否有落差？當我們在說話時，聽者會聽見兩個訊息：一個是文字內容、一個是聲音語調，無論是哪個訊息，想要降低溝通的誤會、達到自己想要的溝通效益，最重要的就是提升自己的說話意識。

在教學表達力這麼多年裡，我發現很多人在說話前，都不會去思考想要達到什麼樣的結果，更具體來說，這個「結果」還要包含著使用什麼樣的說話技巧、使用什麼樣的聲音語調，以及在溝通的過程對方可能會有的各種反應，先快速想過一次，才有辦法如預期的去和對方好好溝通。

可惜的是，大部分的人都為了逞一時之快、為了爭一口氣，在溝通對話時，不願意把對方的話聽完，就直接回嘴辯駁；在回答問題時，直白的不加以修飾的表達。就這樣的無限循環，直到人生真的想克服，才會尋求方法提升和改變自己。

因此出版社找我寫這本《如何問，別人肯說；如何說，別人想聽》推薦序時，便二

話不說的興奮接下，看完內文後，真的覺得這是一本值得推薦的好書！

我在演講時，常和我的聽眾說：「說話不是一門藝術，而是可以學習的技術。」此書很有系統及脈絡的拆解各種說話情境，帶領讀者理解每個對話過程，只要你稍加修飾、或是轉換一種說話技巧，一定能促進彼此的溝通呈現正向結果。當然，我也收到很多學員的回饋是：「老師，上完妳的課程後，我覺得我變得更不會說話了，因為要留意的事情原來有那麼多！」

其實，我們現在的說話方式是長期以來養成的習慣。就像是「減肥」，如果對自己的身材真的忍無可忍，想要好好減肥讓自己身體健康，相信營養師或是運動教練，一定會請我們認真的把每天吃的食物和喝的水量、作息都記錄下來，這時我們常會驚覺，原來長久以來我們是那麼的糟蹋自己的身體、且攝取了過多不健康的食物，進而造就了現在的身體狀況。如果要回到想當年傲人的身材，一定也是需要花一番功夫，而且有意識的留意自己的飲食和運動。

表達力亦是如此。我喜歡這本書還有個原因，除了很明確的在每個章節引領我們說話技巧之外，每個小單元的最後也都會附上「提問小祕訣」，讓讀者能更快掌握每個說話要領。我們說的話語、搭配的聲音語調，都代表著我們的思想，和深層的潛意識感受與價值觀，若能有意識的鍛鍊、時時刻刻的刻意練習，就不會活在懊悔與早知道當中，我們便能更自在的在每一場溝通對話，掌握自己的人生。

前言

溝通能力不是天生的，人人都能學

美國石油大王洛克菲勒（John Davison Rockefeller）曾說：「假如人際溝通能力也是同糖或者咖啡一樣的商品，我願意付出比太陽底下任何東西都珍貴的價格，來購買這種能力。」可見，溝通有多麼重要！

溝通能力是維護人際關係的基礎，但凡成功的人，大都深諳溝通之道。溝通能力不是天生的，是後天培養和鍛鍊而成的。一個人只有掌握溝通技巧，才能在人群中像一顆晶瑩的珍珠一樣發出奪目的光芒，如一枚圓潤的碧玉般卓越不凡。

在溝通的過程中，有的人透過提問，可以獲得別人的幫助、可以獲得談判的成功、可以讓朋友說出真心話、可以讓主管接受自己提出的建議，但有的人卻不能。每個人都有提問和說服的能力，但是所收到的效果卻不同，為什麼差別這麼大？原因很簡單，只因提問的方式和說服的方式不同，結果也就大相逕庭了。

有一個有關說服的經典案例。

英國《泰晤士報》（*The Times*）總編輯西蒙．福格當年在找工作時創造過神話。

他走進總經理辦公室，問：「你這兒需要編輯嗎？」對方頭也沒抬就拒絕了他。接著西蒙．福格又問：「要記者嗎？」總經理還是乾脆的拒絕了他。西蒙．福格沒有氣餒，再一次問：「那麼排字工、校對工呢？」這時，總經理有些不耐煩的說：「都不需要。」

「那麼你們一定需要這個。」福格從包包裡掏出一塊牌子，上面寫著：額滿，暫不僱用。總經理一看笑了。結果福格被留了下來，做報社的宣傳工作。

擁有說服力很重要，這個典型的案例就充分說明了這一點。它能幫助你最快獲得你想要的，達到你的目的，也能獲得老闆、同事和朋友的支持和尊重。

本書主要從提問與說服兩個方面，教讀者如何成為一名優秀的溝通高手。本書的編寫具有如下幾個特點：

▣ **翔實的提問和說服知識。**

本書共分兩大篇。第一篇講如何問，別人肯說，包括問題類型、試探對方真心話、促使對方深入交談的提問技巧，以及疑難問題和禁忌問題的提問技巧。第二篇講如何說，別人想聽，包括幽默的運用方法、步步引導說服、委婉說服，以及避免尷尬和處理拒絕意見的說服技巧。總之，本書提供了一套完整且系統化的溝通知識，教你如何在不同場合、時間，面對不同對象時進行有效溝通；教你如何提出一個好問題，並得到有效的資訊；教你怎樣輕鬆的說服任何人，讓對方聽從於你。

▣ 豐富而精彩的體例。

本書透過分析歷史上、生活中、職場上典型有趣的案例，將提問和說服的精練要點一一掰開揉碎，直白而通俗的展現在讀者的面前。透過對「道」的理解、對「術」的掌握、對「心」的分析，來教會讀者怎樣練成一名優秀的溝通高手，在具有趣味性的閱讀之中，理解溝通技巧的智慧與力量。另外，附錄B還提供了有趣的心理測試，能夠幫助讀者更加了解自己，從而有針對性的提高讀者的溝通能力；每小節還配有與主題相關的提問小祕訣，便於讀者更好的理解和掌握。

▣ 可操作性。

本書中的提問技巧和說服技巧構成了溝通的整個過程，可適用於各行各業。相信讀完這本書，會讓你在人際溝通中受益很多。

儘管本書傾注了作者大量的心血，但也難免會出現一些疏漏，再加上每個人所面對的溝通情景總是會有細微的差別，所以在試圖從本書中尋找高效的溝通祕訣時，請抱著包容的心態和靈活掌握的態度。最後，真心希望這本書能夠給你的生活和工作帶來積極的作用。

Part I

如何問，別人肯說

第一章

熟悉問題種類，避免胡亂提問

01 直接問，能逼對方給答案

不問：「為什麼還沒到公司？」要問：「你什麼時候到公司？」讓對方無法逃避，只能直接回答。

在日常生活中，我們較常採用的一種提問方式就是「直接問問題」。因為它簡單明瞭，直截了當，也容易理解，既可以節省雙方的時間，又不必費太多心思。當然，直接問問題也是需要一定的技巧，**你必須明確你要表達的資訊，並保證語言盡可能的簡短。**比如：

「你是誰？」
「在會議上發生了什麼事？」
「你什麼時候到公司？」

通常，提出直接式問題，得到最深層次的有效資訊是記者、主持人的強項。邁克．

華萊士（Mike Wallace）是美國最著名的新聞記者，同時也是著名節目《六十分鐘》（*60 Minutes*）的主持人。在其長達四十年的主持生涯中，他採訪過的著名政治人物和各界名流不計其數，以尖銳辛辣且深入獨到的採訪風格為觀眾所熟知和喜愛。華萊士經常能夠一針見血的問出讓採訪對象、觀眾印象深刻的問題。

因為他很難得可以採訪到一些政商名流，因此這些難得的採訪機會就變得特別珍貴。為了讓這些寶貴的機會發揮最大的作用，並在有限的時間內挖掘到最有價值的資訊，華萊士在採訪之前都會做大量的準備工作。

所以，華萊士才能對美國前總統隆納．威爾遜．雷根（Ronald Wilson Reagan）問出「一共有多少黑人參與了你的競選過程？」這樣辛辣、直擊要害的問題；還有對巨星芭芭拉．史翠珊（Barbra Streisand）提出「為什麼妳一直這麼有魅力？」，這樣切中粉絲心聲的問題。

很多人會犯這樣的錯誤：原本一個簡明清晰的問題就可以得到你想要的答案，卻用一連串的問題來代替，結果，回答者只是回答了一些不痛不癢的話，根本不是你想要的答案。

某大學生畢業後一直待在家裡不去找工作，有一天母親忍無可忍，在飯桌上問：「為什麼最後一學期沒出去實習，你都在忙些什麼？為什麼一直不回家？畢業後為什麼一直不出去找工作？」大學生沉默了一下，回道：「最後一學期同學都出去實習了，我有點不太適應。那時候聚會很多，和室友的，和同年級的、朋友的，還有和一些老師的聚會非常多，兩天一小聚，三天一大聚，而且我還要收拾一些衣物和資料，就沒有時間回家了……。」說完，不等母親說話就丟下飯碗，回自己的房間。

這個案例中的大學生看似回答了一堆，其中卻沒有一句有效的資訊。母親其實就是想知道為什麼兒子畢業後一直沒有去實習，可是她並沒有選擇具體、清晰的問題，結果讓兒子鑽縫，避重就輕的給了敷衍的回答。可見，想要得到明確、有效的答案，所問的**問題越直接、簡單越好，讓對方無法逃避，只能直接回答問題**。

提問小祕訣

直接式問題具體的特點：容易理解、意義明確、動機明確、目的明確（表示提問者想聽到同樣直接的回答）、方便作答、顯示關注和興趣（代表對主題有更多的控制，可能會讓內向回答者感到壓抑，變相對回答者施加壓力）。

02 間接問，用「我很好奇……」開頭

如果對方性格內向、敏感，你要先放鬆他的情緒，如：「我很好奇你是怎麼辦到的？」

在人際交往過程中，有時，我們會考慮對方的性格，為了給對方營造一種輕鬆的溝通氣氛，用間接問題提問就顯得尤為重要。例如：

「我很好奇哪些因素會讓這個東西掉下來？」

「對於解決預算超支，大家有什麼辦法？」

「有沒有什麼辦法，能夠減少我對化妝品市場的不確定感？」

「我真的找不到能預測這個公司規模的好辦法。」（這個問題以陳述句形式出現，但實際是個間接問題。）

接下來，我們來看一個案例。

王麗的丈夫老顧是一個大學教授，平時說話很嚴謹，講究原則，一板一眼。王麗則是一位王牌銷售員，很注意說話的技巧，說出的話總能讓人如沐春風。他們都來自江蘇，大學畢業後努力奮鬥在北京扎根。有一天，一個來自老家的年輕大學生來做客，王麗夫婦熱情的接待了他。王麗去準備飯菜時，囑咐丈夫陪大學生好好聊聊。

這個年輕的大學生看起來有些拘謹，為了讓他放鬆下來，老顧開始沒話找話的問起了問題：「你剛來北京？」大學生害羞的點點頭。「我們家鄉那邊比北京熱多了吧？」老顧繼續問。「是啊。」大學生簡短的回答了他。老顧接下來又問了一些問題，大學生一遍又一遍的回答「是」。這時，王麗端來一盤水果，熱情的招呼大學生吃水果，親切的問：「江蘇那邊現在建設得怎樣？我和老顧很久沒有回去了。」

聽了王麗的問題，大學生的臉上泛起了異樣的光彩，開始描述起老家的變化來。接著，王麗又問他對北京有什麼感受？這一路有沒有看到什麼趣聞……大學生打開了話匣子，說著說著開始流露出年輕人活潑的本性來。

案例中的老顧提問太過直接、死板，說話又太過嚴肅，不但沒有緩解大學生緊張的情緒，還加重了他的情緒負擔，可見我們不僅要注重提問的內容，還要注重提問的方式。案例中的王麗就很注意說話技巧，看到大學生的拘謹狀態，很親切的問了一些能讓人輕鬆回答的問題，讓大學生的拘謹一掃而光，打開了話匣子。

李程大學畢業後成為某家科技公司的員工，他對自己的能力很有信心，但是性格比較內向，唯一擔心的是不知能不能與公司的同事處好關係。工作一段時間後，李程發現自己的擔心是多餘的，因為他的主管是一位非常善於提問的人。

主管在提問時非常熱情、誠懇。有一次，在問李程能不能如期完成任務時說：「能不能準時完成任務？」李程回答：「能。」主管又問：「你這麼年輕力壯的小夥子，聲音這麼低，大聲告訴我，能不能準時完成任務？」李程大聲說：「能！」主管：「這才對嘛，我相信你的能力，你一定能夠把工作做好的，對不對？」李程大聲說：「對！」就這樣，李程的積極性被激發起來了，後來成了公司的核心員工之一。

案例中李程的主管是個善於提問的人，知道該向性格內向的李程提出什麼樣的問題，而且主管在提問時總是保持著熱情和誠懇，感染和鼓勵著李程向積極的方面發展。**內向者比較敏感，提問者向他們提問時要多使用間接問題，給溝通一個輕鬆的氣氛，同時說話語氣要注意柔緩、誠懇，不要太過生硬。**

提問小祕訣

以「我很好奇……」開頭的問句，是可以借鑑的很好的表達方式。

03 不知道跟對方說什麼？開放式問題可以打開話匣子

與不熟的人交談時，可以採用開放式提問，讓對方自由發揮，如：「你怎麼看這個問題？」

開放式問題最大的好處就是不受限制，能使回答者的想像力得到充分的發揮，向與問題相關的四周延伸。問題多了，思考就多，就能讓對方延伸自己的想法，促成自省或者尋求解決問題的方法。

同時**開放式問題不僅有利於拉近提問者和被問者的關係，而且能讓對方多談自己**，這樣就有利於提問者搜集資訊。

提出開放式問題，並不是為了得到「是」或「否」的答案。而是避免了用「是」和「否」作答，因為它們通常只提供一個沒有太多限制的大致方向。比如：

「你認為我們的對手會是來自哪個領域？」

「你怎麼看這個問題？」

在生活中，我們常常看到父母批評孩子「你怎麼這麼不聽話」、「是誰要你這樣做的」。這種問法其實是不對的，通常孩子聽到父母這樣的話，心裡會非常矛盾，因此難以達到教育孩子的目的。那麼，父母要怎樣問才能讓孩子自省並改正錯誤？

假設孩子在學校打傷了同學，父母可以這樣問：

「你是不是很崇拜英雄？」

「是。」孩子回答。

「那麼你覺得怎樣才算是英雄？」父母接著問。

「擁有超能力、有正義感、幫助弱者。」

「那麼，你覺得自己是英雄嗎？」

「是。」孩子大聲回答。

父母又問：「那我怎麼聽說你打傷了同學，這是英雄的行為？」這時孩子往往就會反省自己，意識到自己的錯誤行為，並主動改正錯誤。

在工作中，精明的領導者善於使用開放式問題引導部屬。

李主管對部屬說：「我知道在一定時間內完成這項任務對你來說很困難，有什麼方法能讓你做到？」

部屬回答：「如果公司在人力、物力等資源上支援我，那麼我就可以在規定時間內完成這項任務。」

李主管問：「你知道公司事務繁忙，所以我不能給你過多的支援？」

「不會太多的。」

這時李主管繼續問：「那好，除此以外，還有什麼辦法嗎？」

「我覺得可以找一個兼職，代理記帳，這樣我就能節省不少時間了。」

「這個辦法不錯，還有嗎？」李主管及時鼓勵，並讓部屬進一步發散思維以找到解決問題的辦法。

「PPT可以簡單一些，只要把主要內容表達出來就好了。」

李主管說：「既然如此，為什麼不這樣做呢？」

這個案例中的李主管善於提出開放式問題，讓部屬展開自己的想像，延伸自己的想法，最後從中找到解決問題的辦法。

很多高明的管理者往往不會主動教導部屬應該怎麼做事情，而是透過提問讓部屬自己想辦法。這種方法能夠讓部屬快速的成長起來。

與人交談，最忌諱一開始就用封閉性的提問與對方交流，這樣很容易切斷後面的談話，造成尷尬的場面。聰明的做法是採用開放式提問，讓對方自由發揮。

情景一：

A：「今天天氣真好，不是嗎？」

B：「喔，是的。」

A：「要去釣魚嗎？」

B：「好。」

A：「去哪釣魚？」

B：「不知道。」

情景二：

C：「今天天氣真不錯啊，你有什麼打算？」

B：「我覺得今天很適合釣魚，打算去釣魚，一起去怎麼樣？」

C：「好主意，我也正有此意，你準備去哪釣魚？」

B：「我確實想到了一個好去處……。」

在生活中，一些人經常抱怨不知道要與人談什麼話題。其實，可以談論的話題很多，只要你善用開放式問題，就很容易找到對方感興趣的話題，然後與對方談下去。

提問小祕訣

開放式問題的特點：通常會被積極對待，且能促成既有廣度又有深度的參與。涵蓋範圍大，能夠將一件事完整的說清楚，因此不太可能錯過重要細節。但對於控制和專注主題的提出有更高的要求，保持高效率對話的難度也加大，尤其是在時間緊迫時。

04 封閉式問題，能避免離題，但對方感覺像在受審

要避免在無用的溝通中打轉，可以直接將話題引向我們心中想要知道的答案，如：「誰負責這個專案？」

我們在電視上看到政治人物舉辦記者會時，記者常會問：「關於教育，你覺得如何？」「關於福利，你覺得如何？」或者在談話性節目中，主持人常問：「關於這件事情，你覺得如何？」這樣的問題，坦白說，非常籠統含糊，根本搞不清楚究竟要問什麼。從回答者的角度看，這樣的問題實在是難以回答。

中央電視臺著名主持人敬一丹曾到石家莊舉辦簽書會，活動完畢接受記者採訪，一個記者問：「你如何看待中國目前的新聞輿論監督作用？你怎樣處理生活和事業的關係？」

敬一丹回說：「你的問題太大了，恐怕我回答不了。」這位記者好不容易獲得的提問機會就這樣溜走了。

這個記者將難得的採訪機會浪費在這兩個空洞的問題上，未免太可惜了。作為一個提問者，千萬不要問籠統、太廣泛的問題，要注意提問的技巧。

圖書館等地方設有意見箱，通常放著一疊紙和幾支鉛筆，希望人們能夠填寫意見，問題多是「關於圖書，你有什麼看法？」……由於問題籠統，讓人不容易回答，所以提意見的人少之又少。如果我們把意見表的內容改成「你對於圖書的管理是否滿意？」等類似封閉式的問題，就能讓人產生想回答的意願。

一般情況下，封閉式問題是與直接問題相輔的提問工具。有時候，也與其他類型的問題一起使用。使用這種問題提問時，對方回答的範疇會比較窄，答案比較明確、簡單；此外，一般為了縮小話題範疇，收集比較明確的需求資訊，會針對具體問題和細節提出問題。比如：

「今天早上你幾點到辦公室？」

「誰負責這個專案？」

「你的答案是什麼？行還是不行？」

「你是用什麼方法解決這件事情的？」

「你們團隊是用團體投票的方式來做決策的嗎？」

又如，你要問主管加薪的問題，可以問：「我在這個職務上已經累積了好幾年的經驗，當我完成這個專案後，是否就可以升職加薪？」主管聽到這樣的問題，一般都會同意。如果你問：「我究竟什麼時候可以加薪？」主管聽完一般都會先考慮後再答覆你。

邁克在威特公司工作過三年，正是這三年的時間讓他學到了很多有用的東西，成了一個真正優秀的商務人才。他曾經多次回憶說，在威特的歲月裡，他學到的最重要的技能，便是如何問出更好的問題。

通常在商務談判開始的前一天，談判雙方代表為了了解彼此，會舉行一個小型聚會，雙方中認識的人會先寒暄一番。在邁克參加過的商務談判中，他曾多次利用這個小型聚會的機會去獲取有用的資訊。

有一次，邁克的團隊與對方的談判代表參加聚會，才剛開始一會兒，邁克的助理就垂頭喪氣的回來了。助理無奈的告訴邁克，對方守口如瓶，並沒有透露什麼有用的消息。聽了助理的回答，邁克笑著問他，對方是否真的什麼也沒說？助理搖搖頭，說他的朋友只說了「很複雜」這三個字，便再也沒提到什麼別的了。

邁克沉吟半晌，問助理究竟是怎麼問的？助理回答說，他直接問對方他們團隊究竟是怎麼做決策的？邁克便笑了起來，原來助理的詢問技巧是這麼愚笨不知變通，難怪他沒有獲得任何有用的資訊。

「你問得太籠統了，對方當然不會回答你。你為什麼不問具體些？比如：『你們團隊是用團體投票的方式來做決策的嗎？』這樣子你才會得到你想要的答案啊。」邁克的話使助理茅塞頓開。

邁克的提問技巧是值得我們學習的。通常提出一個**封閉式問題，可以避免我們在無用的溝通中打轉，直接將話題引向我們心中想要知道的答案**。

從以上案例中我們知道，封閉式問題可以讓對方提供一些關於他們自己的資訊。儘管封閉式問題有著明確的作用，但是如果單純的使用封閉式問題，就會導致談話枯燥，產生令人尷尬的沉默。且如果不停的提出封閉式問題，對方可能會覺得自己像在接受審問。所以，在使用封閉式問題提問時要注意這一點。

提問小祕訣

封閉式問題的特點：保持聚焦主題，不給離題一絲機會。可用於調查、檢驗、具體討論、事實確認以及需要了解細節的任何事。並可縮小討論範圍，防止得到模棱兩可的回答。但封閉式問題不能濫用，否則細節太多，不容易找到主題。

05 總結性問題能確認資訊，只是要小心冒犯

提出問題，聽對方回答，然後總結對方前面的回答繼續問，能快速讓大家達成共識。

總結性問題是對原先資訊進行判斷，然後馬上做出決定性總結，如果沒有總結清楚，就不會與對方的思想保持在同一個水平線上，對方可能會反駁說：「我是這個意思嗎？」

下面案例中的里昂就善於使用總結性問題與客戶交談。

里昂是一名汽車銷售人員，主要銷售的是跑車和豪華型汽車。

有一天，有對夫婦來看車，對里昂說：「能不能試駕其中的一輛豪華型汽車？」

「請問，你開車的主要用途是什麼？」里昂問。

「上下班時使用。我們在同一棟大樓工作。」女士說。

「汽車對你們來說還有別的用途嗎？」

「週末去看望我的父母。大概就這些了，」她停頓並接著說：「他們住得離我們有上百公里遠。」

「你們為什麼認為豪華型汽車是最好的選擇呢？」

這時，這對夫婦交換了一下眼神。然後，女士的丈夫說：「我們非常喜歡這種類型的汽車。」

「妳最愛什麼顏色呢？」里昂直接看著女士問。

「紅色。」

「我們這裡正好有一款，看，妳剛才提到喜歡紅色的、豪華型汽車，這輛車符合妳的預期嗎？」（總結性問題）

這對夫婦又交換了一下眼神，男士說：「我們想要一個稍暗點的顏色。」

「你為什麼覺得豪華型汽車是最適合你們的選擇呢？」（總結性問題）

「我爸爸說這種類型的汽車跑在路上是最安全的。」女士說。

於是，里昂斷定，在保證安全的基礎上，他們可能比較在乎價格，所以適時的給點折扣或優惠或許會成交。

案例中里昂透過總結性問題知道了這對夫婦想要這麼一輛汽車，而不僅是因為看中它的外觀。案例中共出現了兩個總結性問題：第一個是透過這對夫婦的描述，對他們的需求進行了大概的總結；第二個是對之前的話進行總結並重複確認重要資訊。因為里昂想知道他們是否比較在意汽車的外表以及價格，認為貴就是好，還有沒有其他更多經驗。

提問小祕訣

有些人會對這種總結式問題感到不舒服，如果處理不好，會被人認為是對他們的一種冒犯或怠慢。所以，恰當之時，重新組織你想重複的問題，並且輕柔、恰如其分的將它融入於你們的談話之中，比如在介紹對方感興趣的產品特徵時，或者其他人要講到這個問題時，你可以順勢接過話題，然後重複你的問題，這樣就會得到更好的效果。

06 誘導性問題，鋪個梗，誘導他說服自己

如果你希望對方按照你的想法回答，在提問時，就要將答案植入你的問題中，如：「你會來參加員工會議，對嗎？」

誘導性問題常常是作為戰略的一部分。通常提問者會問：「你因為撒謊而被人抓住把柄，你不會感到難堪和羞恥嗎？」這個提問其實更像一個詭計，故意給回答者設下一個圈套，引導對方給出對自己有利的答案。比如：

「昨晚你和他在一起待了多久，都幹了些什麼？」（昨晚你和他在一起）

「你去過幾次深圳了？」（你去過深圳）

「你八月中旬在海南待了幾天？」（你八月中旬去了海南）

「你〇月〇日到西門商店找誰？」（你〇月〇日去了西門商店）

美國一所知名大學的教授曾做過一項實驗，講述某個故事給一百七十五個人聽，然

後謊稱要做記憶測驗，問大家有關故事內容的問題。不過提問時，他故意用「違背事實的陳述」來提問。

例如，故事中明明沒有「兔子吃掉紅蘿蔔」的內容，但提問者假裝不知情的問：「兔子吃了什麼？紅蘿蔔？還是萵筍？」結果九〇％的人都在兩者間擇一作答。只有一〇％的人能夠正確回答：「兔子什麼也沒吃」。由此可知，對方的反應會受到所提問題的影響。

提問高手為了得到他想要的答案，會利用誘導性問題，把「答案」藏在「問題」裡。有一位大學教授讓九十九名大學生觀看了十分鐘的迪士尼電影，然後問大家：「毛怪摔倒時，胳膊流血了，對吧？」結果，大部分人都會回答：「沒錯，是胳膊。」實際上，毛怪的胳膊根本沒有流血，由於他人刻意「植入」，我們也就不自覺的接受了。

如果你希望對方按照自己的想法回答，在提問時就要將你希望從對方口中引出的答案植入你的問題中。因為我們的大腦是不精確的，只要被技巧性的植入特定內容後，便會開始偏向與其一致的方向。我們知道了這個道理，就能輕易的改變對方的思想。

比如，一對夫婦試圖阻止他們上高中的孩子去參加今晚的同學聚會。媽媽說：「如果你今晚出去玩，明天你的英語考試該怎麼辦？」僅僅透過「因果關係」的誘導性問題，她的提醒可能會多多少少的植入正處於青春年少時期愛玩的兒子心裡。

一點點加強的效果，可能會使兒子心中那顆謹慎的心慢慢萌芽，他會想：還記得上次狂歡一夜後，隔天的重要考試出現什麼糟糕的結果嗎？這便是「原因和效果」的誘導作用。

又如，你的老闆說：「你會來參加我們的員工會議，對嗎？」這是一個稍帶恐嚇味道的問題，因為他已經給了你一個誘導性的回答。如果並非恐嚇性的，他會非常和緩的問：「你不想來參加我們的員工會議，是有其他重要原因吧？」

因此，**提問時，要想對方回答你想要的答案，要使用誘導性問題進行提問**。

提問小祕訣

誘導性問題常用於下面這幾種情況下：

- 用於產生你想要的答案。
- 用於希望得到他人的認同，即使對方是不順從的人。
- 使本無意下結論的一些人很快得到結論。
- 引導決定。
- 被用於減少爭論。
- 推動其他可代替的意見或未被考慮過的理念。
- 讓回答者或其他與會者自己感到虛偽。

07 假設性問題，迫使對方換位思考

「如果你女兒跟你說她懷孕了，你會怎麼處理？」人不會輕易被別人說服，只有自己才能說服自己。

美國家喻戶曉的主持人、有「世界最負盛名的王牌主持人」之稱的賴瑞・金（Larry King）在自己的自傳裡提到邀請前副總統丹・奎爾（Dan Quayle）做節目嘉賓的事，他採用了一個假設性的提問。

我記得有一次前副總統丹・奎爾來我的節目做嘉賓。奎爾是反對墮胎的。我問他：「如果有一天你的女兒拋給你那個讓所有父親都害怕的問題，你會怎麼處理？」

「我會提供建議給她，和她交談，並支持她所做的任何決定。」丹・奎爾回答說。

第二天，新聞頭條用大字黑體字寫著：「丹・奎爾會支持女兒墮胎。」

賴瑞・金在自傳裡表示，並不是想讓他難堪，只是想讓他設身處地的思考一下這個問題。假設性問題會強迫一個人去思考。很多政客不願意回答假設性問題，也正是因為假設性問題會迫使他們不得不換一種方式思考問題。

用假設性的問題提問，目的在於迫使對方換位思考。面對一個觀點與人相左又比較固執己見的採訪對象，如果正面提問和旁敲側擊都不能起到任何作用，對方不願意改變自己的觀點，也不願意對個人觀點做出比較深入的解釋，那麼試著用假設性的問題提問會打開缺口，獲得意想不到的答案。我們再看下面的兩個對話：

對話一：

A：「真不明白，為什麼大家都急著考駕照？我就不考，有什麼好急的呀！」

B：「難道你不學嗎？不要只說風涼話。」

A：「我不學！」

對話二：

A：「真不明白，為什麼大家都急著考駕照？我就不考，有什麼好急的呀！」

C：「如果未來駕照要再加考很多項目，難度會加大很多，而且還會漲價不少，你學不學？」

A：「那肯定要學啊，早晚都要學的嘛！」

C：「這就對了，據我所知，未來考駕照要加考項目、加難度、加學費，年底就要實施了，所以趕快去學吧。」

對話一中的B採用的是直接提問，沒能問出A對考駕照的真實態度。而對話二中的C採用的是假設性提問，一下子就試探出了A的真實想法。可見，假設性提問的方法非常有效。

除了試探別人的真實想法，你還可以應用假設性問題在很多地方，比如，檢驗戰略，從相反的角度思考，在沒人有異議時自我反對，給小眾意見更多空間……。

在銷售過程中，優秀的銷售人員懂得如何使用假設性問題，以提高他們的業績。假設銷售人員的產品最終能帶給客戶的利益點是，可以節省他們的某些成本開支，和增加他們的某些利潤，那麼在一開始接觸客戶時，銷售人員可以直接問：「你好，如果我有一種方法能夠幫助你每月提高好幾千元的利潤，或節省好幾千元的開支，請問你有興趣抽出十分鐘的時間來了解嗎？」

使用此種問句方式，能讓客戶給你一個機會，介紹你的產品。而當介紹完你的產品之後，你只要能夠證明產品或服務能夠達到當初所承諾的效果，那麼這個客戶就不會說他沒有興趣。

或者你可以問：「假設我有一個方法可以幫助你們公司提高二〇%至三〇%的業績，而且這個方法經過驗證之後真的有效，你願不願意花幾百元來投資在這件事情上面呢？」在這種情況下，如果客戶的回答是肯定的，接下來你所要做的就是很簡單的去驗證你的產品和服務是否能幫助客戶提高他們的業績，那麼自然而然的他們就能夠做出是否購買的決定了。

在產品銷售過程中你要找出最常見的客戶抗拒點，可以使用假設性問法來詢問你的客戶。例如，你所銷售的是健康食品，而一般客戶可能最常見的抗拒點是懷疑產品的有效性，那麼你可以一開始就問他：「如果我能證明這一產品真的有效，你是不是會有興趣購買？」

使用這種假設性問法，讓客戶自己回答說：「只要……我就會買。」讓客戶自己做出承諾。那麼之後，只要你能證明產品是有效的，客戶購買的意願自然就會增加。**任何一位客戶都不會被別人輕易說服，能夠說服他的只有他自己。**

提問小祕訣

假設性問題的特點為突破討論局限，用於激發創造性思維，及鼓勵新觀點的加入。是充分思考設想方案的方式，可以讓你檢驗討論中的觀點，而不需要直接持反對意見。

08 停頓，更好的表達你的觀點

適當的停頓不僅可以避免產生誤會，在某些特定的語言環境中，還可以幫助表達者傳達自己說話的重點。

想要引出更多資訊時，作為最有效的工具之一——停頓，可以用於代替或輔助問題。每當喜劇演員要講笑話時，常會做一個停頓。同樣的，在要引出問題時，停頓也可以產生一樣的效果。

一個陽光燦爛的午後，小王穿著拖鞋走出家門，他要去幫花園裡的草坪澆水，可是這時突然刮來了一陣大風，門自動關上了，把他鎖在了外面。萬般無奈之下，小王只好請鄰居找鎖匠來開鎖。

鎖匠看了看鎖說：「價錢嘛，你的鎖……五十五美元（按：約新臺幣一千七百八十元，新臺幣與美元的兌換匯率約為一比三十二．二五）。」小王一聽，暗叫糟糕，因為自己身上並沒有這麼多現金，不過轉念一想，倒是可以先和鄰居借一下。

鎖匠看到他不吭聲，以為自己要的價錢太高，於是退了一步說：「好吧，算你五十美元就好了。」

小王有點驚訝，又沒作聲。鎖匠猶豫了一下說：「現在是晚飯時候了，應該算加班呢，不過就算你四十五美元好啦。」

其實小王根本不知道行情是多少，但是已經看出了其中的門道，於是趁機說：「四十美元！」鎖匠摸了摸額頭，說道：「好，不過你得給我現金。」就這樣，小王用「沉默」少付了十五美元。

聽完這個故事，我們一定會想到一個成語——沉默是金，而停頓的最直接表現形式就是沉默。在語言溝通中，適當的停頓不僅可以避免產生誤會，而且在某些特定的語言環境中，還可以幫助表達者更好的表達自己說話的重點，「此時無聲勝有聲」便是對停頓所帶來的效果的最好描述。

為什麼說話需要停頓呢？一位成功的演說家在總結自己的演講經驗時這樣說：「我多次告訴我的學員們，在說話時要善於運用停頓的技巧，因為作為一個演講者，如果你不斷的說話，會讓聽眾產生疲勞，他們的耳朵和大腦都無法接收到有效的資訊，那麼你的演講就是毫無意義的。相反的，如果你在演講的過程中適當的停頓，聽眾會十分好奇，這有利於你接下來的觀點的陳述。為此，我還要學員們在每頁紙上只寫一句話，然後讀一句，翻一頁紙，讓他們體驗停頓的妙處。」

我們寫文章時為了讓文章的意思表達得更清楚，讓文章更有魅力，需要用標點符號將不同的句子、詞語隔開。在說話時也是同樣的道理，適時停頓，可以讓你的話更有節奏、更有含金量。那些成功的演講家正是在演講中恰當的使用了停頓，才獲得了更好的演講效果。

美國蘋果公司的聯合創辦人賈伯斯（Steven Paul Jobs）是商界的戲劇表演家，也是駕馭「停頓」的高手。在一些重要的產品發表會上，每當賈伯斯講到一個緊要關頭之前，總是會沉默幾秒鐘。

比如，在發表一款筆記型電腦時，他這樣說：「今天，我們將向大家推出第三代筆記型電腦。」之後，停頓幾秒鐘，然後接著說：「它就是所謂的MacBook Air系列。」接著又是幾拍的停頓，之後爆出一句：「它是世界上最薄的筆記型電腦。」這句話講完，臺下為之瘋狂，經久不息的掌聲迴盪整個會場。

賈伯斯用停頓的藝術先成功引起了聽眾的興趣，然後留給自己足夠的時間去自由、準確的詮釋自己想要表達的想法和資訊，這樣賣足了關子，聽眾肯定會買帳。

由此可見，停頓就是賣關子或者說話適當的停頓。比如，你和你的好友正在閒聊，突然你停了下來，然後告訴他：「我要告訴你一個祕密。」這時你的朋友一定會豎起耳朵認真聽，因為他們會覺得接下來的事情十分重要。

那麼，我們應該如何恰當的使用停頓？

首先，我們要準確把握不同語境下停頓的內涵。比如，停頓可以表示默許，又可以表示保留己見；既可以表示猶豫不定，又可以表示對達到某種目的的堅決態度；既可以表示抗議、憤怒，又可以是慚愧、心虛的表現……所以在使用停頓之前，我們要想好自己的停頓是要表達什麼含義。

其次，要正確把握時機。一方面要注意不能濫用停頓，比如，不分場合故作深沉、高雅而濫用停頓，會讓人覺得是在矯揉造作。另一方面，停頓的時間長短要適度。比如，停頓的時間太短，聽眾來不及反應，等於沒有停頓；停頓的時間過長，聽眾就有充足的時間為接下來的高潮做好準備，你強調的話反而會變得平淡無味。至於停頓多長時間，則要根據你說話的內容、目的、對象以及場合而定。

停頓的時候要恰當的輔以其他態勢語言。比如：以「目」說話，目中傳情；以「表情」說話，或嚴肅、或喜悅、或憂傷、或憤怒；以「感情」說話，透過舉手、投足、坐相、站姿傳遞資訊。

提問小祕訣

停頓應該用在一個陳述之後，這樣能激發人們參與到交談之中，這個陳述實際上在為一個問題做鋪墊。比如，「那麼，讓我看看我是否理解了你的建議。如果我們提供硬體設施，第一件要做的應該是（停頓）……」。

第二章

問對問題，人心根本不難測

01 自由聯想的問，能消除對方的戒心

想消除戒心，讓對方說出真話，不妨從對方的興趣入手，然後突發提問，如：「你是怎麼對攀岩產生興趣的？」

有這樣一個有名的測驗：

有一名罪犯在夜間作案時，將一支蠟燭插在一個牛奶瓶內照明進行盜竊。在被拘捕後拒絕交代事實經過，於是員警便要他做聯想測驗。

員警先說出一個詞，然後要他立即回答所想到的另一個詞。剛開始時，員警先用一些無關的詞，比如：說「天」，對方答「地」；說「父親」，答「母親」；說「鮮花」，答「草地」；說「黑」，答「白」；說「巴黎」，答「紐約」……然後員警突然提到「蠟燭」，這名盜竊犯立即回答「牛奶瓶」。就這樣，員警透過測驗偵破了這件盜竊案。

這是利用自由聯想測驗來進行刑事偵查的一個典型例子。這種方法之所以有效，是因為被試者在進行迅速聯想時，往往會暴露出內心隱藏的思想。

進行這種自由聯想測驗，首先要使對方的心理放鬆下來，然後進行突發提問。一般來說，正在說謊或準備說謊的人一定會事先把自己的內心武裝起來。如何除去對方內心的武裝，卸下對方的防備心理，不但是突發式提問的前提，也是揭穿其謊言，讓對方說出真相的關鍵。

在生活中，這種語言技巧也有被成功運用的例子。比如，銷售人員在突破客戶的戒備心理時，往往就會採取一些類似自由聯想的技巧。

美國紐約市中心有一家豪華的大飯店。這裡陳設考究，房間舒適，菜餚尤其美味可口。每天都是賓客滿座，需要消耗大量麵包。這天清晨，剛從國外考察回來的經理，風塵僕僕的來到飯店處理事務。剛步入大廳，就被等候在那裡的杜維諾先生喊住了。

「經理先生，我想耽擱你幾分鐘時間，談談關於……」杜維諾先生經營一家高級麵包店，他一直想把麵包推銷給這家大飯店。四年來，他經常主動登門談生意，或打電話給經理，但都遭到了拒絕。

「杜維諾先生，關於麵包的購買問題，我們已經討論過好多次了。本店已經有了充足而良好的供應，所以……。」

杜維諾趕緊解釋：「經理先生，在你出國期間，我已經住進了貴飯店，我現在是你的房客！」

「謝謝光臨，儘管如此，我還是無意購買貴公司的麵包。」經理說完就要走。

「經理先生，你誤會了，我並不想談麵包的銷售問題，而是想請教『旅館招待者協會』的一些事項。」

一提到「旅館招待者協會」，經理立即容光煥發了。他是這個組織的主席，十分熱衷於它，並引以為榮。他笑著說：「想不到杜維諾先生對『旅館招待者協會』也有興趣。」

「豈止有興趣，簡直是崇拜之至。」杜維諾回答道。於是，他們進入小客廳，親切的交談起來。

原來杜維諾向這家大飯店屢次推銷麵包，總是一無所獲，他就向一個朋友請教。那個朋友告訴他一個「妙方」，要他關心飯店經理近期熱衷的是什麼，設法投其所好。於是，他就住進了這家飯店，經過詳細調查，終於了解到這位經理的興趣和愛好所在。

此時在小客廳裡，兩個人談得非常投機，杜維諾對「旅館招待者協會」的宗旨、組織、計畫、活動等有關細節瞭若指掌，談得頭頭是道。不僅恰到好處的渲染了經理對這個組織所起到的作用和貢獻，還誇大其詞的展望著這個組織的發展前景，描繪著一幅美好的藍圖。最後，還不無遺憾的表示：「可惜我不是經營旅館業，否則，我將是這個組織的一名積極的成員。」

經理深受感動的說：「本組織積極的成員從來不會嫌多。其實先生所從事的事業與我們的協會也是有聯繫的。」

當然，經理所謂的這種聯繫極其勉強，即使他作為主席也無法改變協會的宗旨。不過，他還是想出了一個辦法，「賣」給杜維諾一張會員證，讓他冒名頂替來當一名「積極的成員」。

這次談話雖然連一點麵包屑都沒沾上邊，但沒隔多久，杜維諾先生再次詢問合作的事情，經理一口就答應了。最後，杜維諾先生接到了那家大飯店大宗麵包的訂貨單。

這種從雙方的共同話題入手，其實就是**運用了自由聯想的技巧，可以讓對方消除戒心**。案例中的杜維諾先生就是從經理的興趣入手，迅速接近對方，使對方放鬆了警戒，然後突發提問合作的事情，很容易就實現了成交。因此，要想消除戒心，讓對方說出真話，不妨從對方的興趣入手，然後突發提問，溝通會很順利。

提問小祕訣

正如西拉斯所說：「對自己抱有興趣的人使我們感興趣。」從對方的興趣入手，使雙方的關係融洽，對方才會消除戒心，為你後來的提問打下基礎。

02 單刀直入的問，不多說廢話

單刀直入的問法能讓對方措手不及，然後「乘虛而入」，如：「為什麼非那麼做不可？」

單刀直入就是提問者開門見山，直接提出自己關心的問題，讓對方回答。單刀直入的優點是簡潔直接，爆發力、擠壓力強。

在央視《焦點訪談》、《新聞調查》的一些報導中，記者常常會單刀直入，直接向採訪對象拋出尖銳的問題。

比如，在「非典」期間（按：指二〇〇二年至二〇〇三年間的SARS事件），記者採訪時任某市市長。

記者：「我們眼裡看到的是一個很鎮定、很堅定的市長，但另一方面我們也看到北京市感染的人數在上升。」

市長：「這個傳染病有它一定的規律，我覺得這個事情，誰去預測這個數字，在當前這個條件下，都近乎一種賭博，是危險的，但是說實在的，我們也在分析，並不是沒有底數的。」

記者：「你的表態、你的言行都很容易讓我想到你在海南說的一段話——我來海南時告誡自己，千萬不要急、不要急，如果急就容易出錯。現在你是不是有點急啊？」

市長：「所謂不急，在這種事情面前是不可能的，但是，最終在決策的時候要注意，就是在最後一拍的時候，恐怕要再三提醒自己，不要急。但在辦事的過程中非急不可，這可是大事啊！」

於是，在記者的單刀直入的提問下，市長說了很多相關的話，而且回答的都是記者想要得到的資訊。接下來我們再看下面的案例。

門鈴響了，一個西裝筆挺的人站在大門的臺階上。當主人把門打開時，這個人問：「家裡有高級的食品攪拌器嗎？」

男主人楞住了，這突然的一問使他不知道該怎樣回答才好。他轉過頭和太太商量，太太有點窘迫，但又好奇的答道：「我們家有一臺食品攪拌器，不過不是特別高級的。」

銷售員回答說：「我這裡有一臺高級的。」說著，他從提袋裡拿出一個高級食品攪拌器。接著，不言而喻，這對夫婦接受了他的推銷。

假如這個銷售員換個說話方式，一開口就說：「我是〇〇公司的銷售員，我來是想問一下你們是否願意購買一臺新型的食品攪拌器？」你想，這種說話的推銷效果會如何？估計，很快就會被主人一口回絕了。

案例中的銷售員採用了單刀直入的問法，直接針對顧客的主要購買動機，開門見山的向其推銷：「家裡有高級的食品攪拌器嗎？」讓對方措手不及，然後「乘虛而入」，最終成功銷售出一臺食品攪拌器。

在與人交談的過程中，若想要問出對方內心深層次的資訊，單刀直入就是一種不錯的提問方法。說話本來就不是一件簡單的事，要做到有效提問，不說廢話，更是十分不易。不過，如果你在提問時經常堅持以下幾點原則，你會發現你的提問越來越有價值：

▣ 提問前要了解提問對象。

在提問之前，你要觀察一下提問對象。如果對方是一個性格豪爽的人，你不妨單刀直入，把問題豪爽的擺出來；如果對方性格內向，你就應該注意提問的言辭。比如，你向客戶推銷一件商品，對於性格豪爽的人你應該說：「大哥，這傢伙的性能還不錯吧，你覺得呢？」而對於性格內向的人應該說：「你覺得我們的商品怎麼樣？」

▣ 避免言語淺薄。

很多提問之所以廢話連篇，是因為提問者的問題太過淺薄、簡單，甚至是一些不用思考，直接就能給出答案的問題。

比如，「茶壺響了，是水滾了吧？」「天氣預報說今天有雨，看這天氣，快要下雨了吧？」「你喜歡運動嗎？」……如果不能確定自己的提問是否是廢話，可以問自己這些問題，看自己是怎麼回答的。

▣ 注意提問的表述方法

一個保險推銷員在向一位女士推銷保險時這樣問：「妳是哪一年生的？」結果這位女士十分生氣，起身走了。

這名推銷員記取了教訓，當他向另一位女士推銷保險時，他這樣說：「在這份登記表中，要填寫妳的年齡，有人願意填寫大於二十一歲，妳願意怎樣填呢？」這次，推銷員成功的把保險推銷了出去。

由此可見，在提問的時候，一定要注意表述方法，注意自己的言辭。

▣ 善於運用肯定句提問

在洽談時，要善用肯定句式提問，如「你已經……嗎？」、「你有……嗎？」或是把你的主導思想放在一句話的末尾，用提問的方式表達出來，如「現在很多公司都有先進的管理軟體，不是嗎？」通常，如果你說的話既符合事實，又與對方的看法一致，你就會收到確切的答覆。

提問小祕訣

頻繁使用這種單刀直入的提問方法，也會令對方感到不適，甚至產生抵觸心理，從而影響對方的回答。因此，使用這種提問方法要適度，才能挖出對方的深層需求。切忌頻繁使用。

03 反覆提問，逼出他的破綻

「你昨天出去了？」、「你昨天去了什麼地方？」在對方還沒準備的情況下，反覆提問能迅速擾亂對方思維，語無倫次，最後不自覺的說出真話。

心理學研究發現，要一個說謊的人重複謊言是很難的，因為如果說了一個謊言，就需要用更多的謊言去圓第一個謊，而在不斷圓謊的過程中，難度也在逐漸增加，直至把事實暴露出來。

比如，一位病人得了絕症，你身為醫生，良好的道德操守讓你說了一個善意的謊言，但是你需要很多靠得住的解釋去掩蓋實情——解釋病人的症狀，但是很多解釋會很牽強，因此在日常言行中的一些端倪使得你最終不得不告訴病人實情。

對於說謊高手來說，這並不是一件難事。對他們來說，說謊就像是背書一樣，如果你需要，他們能隨時複製他們的謊言，而且在編造故事的過程中，他們還會加上一些神情、動作來為自己的謊言加分，讓謊言變得更真實。

一般的慣犯都是說謊高手，不過員警在對待他們時也有自己的一套方法，那就是**透**

過反覆提問來尋求對方話語中的破綻。因為一系列的提問好比連珠炮，在對方還沒有準備的情況下，能迅速擾亂對方的思維，讓對方目瞪口呆、語無倫次，最後不自覺的說出真話。

美國加州的FBI接到過一個十分令人頭疼的案子，因為犯罪嫌疑人是一名律師，有著很好的職業素養，而且在對他身邊的人進行取證時，人們的說法出奇的一致：他是一名律師，怎麼會不知道自己殺人的後果，而且他理智、冷靜，與人相處也很和睦，像這樣的人是不可能殺人的。

在審訊的過程中，這名律師優秀的口才也給所有辦公人員留下了深刻的印象，他總是能把與案件有關的問題回答得頭頭是道，並且時常用一些反詰的方式來詢問FBI，把自己與案件偏離得很遠。最後，FBI甚至懷疑自己是不是真的弄錯了。

但是當FBI調查這名律師的家庭背景時，有了新的發現，他們發現這名律師來自單親家庭，據此，他們認為也許能從這方面找到問題的突破點。於是，在審訊中，FBI探員開始反覆問他：「你來自單親家庭？」「你能形容一下你的家庭嗎？」「你是不是對你的家庭有什麼不滿？」「你對你的家庭到底有什麼不滿？」「為什麼你會對你的家庭有所不滿？」「你對你家庭的不滿是不是由於被害人造成的？」「被害人遇害是不是與你有什麼關係？」「你為什麼要殺害被害人？」「在殺害被害人的時候你在想什麼？」「你是不是用一把刀殺害了被害人？」……。

在ＦＢＩ連珠炮般的詢問下，這名律師開始變得焦躁不安，大聲的否定探員所有的提問。但是在一輪又一輪的連環攻勢下，這名犯罪嫌疑人的內心終於崩潰了。他把頭埋入雙手間，開始喃喃自語的說自己不是故意的，是因為被害人說了一些過激的話，自己才會一時衝動錯殺了他……。

在這個案例中，ＦＢＩ利用了反覆提問的方式攻破了犯罪嫌疑人的心理防線。事實上，這種方法是律師尋找證據過程中的慣用手段，他們總是會提出很多問題，逐漸將對方帶入自己的語言陷阱中，不斷獲得新的有價值的資訊。

當然，在實際情況中，如果對方的心理素質很好，而且善於說謊，即使是連珠炮般的提問，他也不會慌亂，而是對答如流。這時候你就應該放棄正面進攻，將提問的順序換一下，讓對方倒著回答你的問題。通常如果對方沒有說謊，他會按部就班的把事實倒著說出來；如果對方在說謊，他就會支支吾吾，先在心裡想一會兒才能把謊言繼續圓下去。

比如，你問：「你昨天做了什麼事？」他說：「我昨天先去了公園，然後吃了午飯，接著去逛了商場，最後去看了一場電影。」然後你再要他倒著說一遍，如果他能很快說出「看電影、逛商場、吃午飯、逛公園」，那麼他的話很大程度上是真實的，否則就可能是謊言。

或者在提問的過程中對於同一個問題，用不同的方式提問，比如，先問：「你昨天去哪了？」等到過幾個小時再問：「你昨天出去了？」、「你昨天去了什麼地方呢？」等等，雖然只是換了一個說法，表達的意思一樣，但是看起來像是一個新的問題，被問者一不經意就會露出馬腳。

提問小祕訣

使用反覆問話技巧時要注意，不要用一模一樣的原問題去問，而應變換一種方式去問同樣的問題。

04 說「我能幫你！」他就會對你有興趣

直接告訴他，你能幫他解決這個問題，他就會認真聽你把話說完。

懸疑式提問是**利用對方的好奇心，來達到打動對方的目的**。假設你是一位銷售安全玻璃的業務員，面對客戶你會怎麼提問？不懂得提問的業務員會直接問：「你好，你需要安全玻璃嗎？」這種說法怎麼可能會打動人心呢？這時，你可以採用懸疑式提問：「你有沒有看過一種破了但不會碎掉的玻璃？」這時，客戶往往會有極大的興趣想知道，因為問題觸動了對方的內心。

福特公司面臨很大的成本壓力，可是福特卻提出幫公司員工加薪的議案。其他董事一聽紛紛指責福特。福特淡淡的說：「我能從根本上解決讓你們頭疼的成本問題，難道你們不想聽聽我的理由？」其他人都安靜了下來。

福特說：「如果我們支付給工人社會平均薪資，那就意味著會不斷有工人離開我們公司。因為工人離開我們公司後，仍能很快找到同等待遇的工作。但我們提高薪資後，即使工人要辭職不幹，也不容易在短期內找到類似高待遇的工作。為了保住這得來不易的工作，工人就會更加勤奮，效益自然會大大增加，成本也就順理成章降了下來。相對於從各方面節省成本，這無疑是治本之策。」董事們這才恍然大悟，佩服福特獨到的戰略眼光。

為什麼福特一開始說的話大家不願意聽？那是因為大家覺得這根本是無稽之談，沒必要浪費那個時間。當福特告訴大家，他可以從根本上解決讓他們頭疼的問題時，引起了大家極大的好奇心，想聽聽福特到底有什麼辦法。最後，大家都接受了福特提出的建議。

中國首枚自行設計的導彈在試射前遇到了難題，為此專家們一籌莫展。這時，初出茅廬的王永志想到了一個解決辦法，他去找錢學森，說：「我有一些新的研究成果，想向你彙報一下！」但那時錢學森正被火箭的問題所困擾，就對王永志說：「我現在沒時間，改天再談吧！」

王永志回去後，覺得是自己說話的方式有問題。所以他再次來到錢學森的辦公室，大聲說：「我想到了一個辦法，能讓火箭達到設計的射程，命中目標！」錢學森一聽這話，立刻有精神了，說：「來，快說說你的想法！」王永志說出了自己的辦法，他還向錢學森具體介紹了相關的演算過程。錢學森對他大為讚賞，接受了他的意見。

錢學森正為火箭的問題而發愁，與當下的難題無關的話，他哪有時間去聽？而王永志直接告訴錢學森，他的研究成果正好能解決其最迫切的問題，一下子就抓住了錢學森的心，掌握了談話的主動權。

別人的燃眉之急，是想解決難題，這也是他們最關心的問題。所以，**直接告訴他，你能幫他解決這個問題，他就會認真聽你把話說完**。

提問小祕訣

在交談中，你要仔細觀察別人最迫切要解決的問題是什麼，並以此為突破口，提出懸疑式的問題，觸動對方的內心，這樣才能讓交談順利進行下去。

05 三步提問法，掌握話語主動權

「你想要買點什麼？」只有在提問的那一刻，你才掌握談話的主動權。

在談話中如果你掌握了話語的主動權，你就可以充分表達自己的想法、可以成功的說服他人、可以把自己的產品推銷出去……而想要掌握話語的主動權，你首先應該從主動提問開始。正如某位哲學家所說的：「只有在提問的那一刻，你才掌握著談話的主動權」，唯有**主動提問，才能更容易了解他人內心的真實想法，從而達到你期待的效果**。

客服：「你好，請問你想要諮詢什麼問題？」

客戶：「我的流量套餐是一個月三百MB，但是我看到簡訊上又推出一個一百MB的流量，我想問一下，這個流量是全國通用的嗎？」

客服：「你稍等，我幫你看一看。你好，先生，你說的這個流量是省內通用的，不是全國通用流量（按：在中國若手機用戶在非註冊城市打電話、上網會有漫遊費產生），請問你還有什麼別的問題嗎？」

客戶：「現在的智慧手機太耗費流量了，以前一個月三十MB都用不完，現在三百MB都不夠用……。」

客服：「確實，手機螢幕大了，更加智慧了，也更加耗費流量了，你是想換一個流量套餐嗎？」

客戶：「嗯，是的。」

客服：「請問你是在省內，還是在省外的時間較多？」

客戶：「省內，有時公司出差會到省外。」

客服：「你的流量資費預算是多少呢？」

客戶：「不能太貴，差不多一個月三十元（按：約新臺幣一百三十五元，人民幣與新臺幣的匯率為一比四．四九，書中若無特別說，皆是指人民幣）就可以了。」

客服：「好的，先生，你可以了解一下這個套餐，很適合你……。」

客戶掛了電話，給了客服人員一個大大的好評。

透過主動提問，客服人員可以更加了解客戶的需求，控制談話的細節，所以那些經驗豐富的客服人員總是會透過一些針對性的提問，來逐步實現自己的溝通目的，即根據客戶的需求提供更好的服務。

如果你是一位推銷人員，在和客戶溝通時遇到這樣的情況：和客戶客套了幾句後，你們直奔談話主題，他要你先寄一份資料過去，於是你把辛苦準備的資料寄了過去，可是就此石沉大海，沒了音信。

你百思不得其解，自己的資料準備得很認真、很充分，為什麼就是不能打動客戶的心？其實很大程度上是因為這些資料並不是他們想要的，換句話說，你沒有了解客戶的真正需求。如果你懂得提問的藝術，透過主動提問，了解客戶的需求後再準備資料，相信結果就會大不同。

當然，主動提問也不是隨便發問，你可以試試**「三步提問法」**，即**「什麼」**、**「是什麼（具體）」**、**「為什麼」**。

有一天早上，一位老太太提著籃子到菜市場買菜，在經過一個賣水果的攤位時停了下來，賣水果的小販問：「妳要買點水果嗎？」

「有什麼水果？」老太太隨口問。

「蘋果、香蕉、葡萄、李子、桃子……」小販開始介紹起來。

老太太看了看李子，搖搖頭走開了。沒走幾步，老太太來到了另一個水果攤前。賣水果的小販問：「妳要買點什麼？」

「有李子嗎？我想買點李子。」老太太說。

「妳看看，我這有好幾個品種的李子，妳想買什麼樣的？」小販繼續問。

「我想買點酸李子。」

「妳為什麼要買酸李子呢？別人都是買又甜又大的李子呀。」小販很好奇的問。

「我兒媳婦懷孕了，想吃點酸的。」

「老太太，妳對兒媳婦可真好！兒媳婦想吃酸的，就說明她想給妳生個孫子，所以妳要經常買酸李子給她吃，說不定真給妳生個大胖孫子呢！」

老太太聽了，笑得合不攏嘴，買了很多李子，愉快的走了。

故事中第一個小販急於推銷自己的水果，一上來就大肆介紹自己的水果品種多麼齊全，但是老太太只是想買一些酸李子而已，這位小販沒有了解顧客的需求，自然什麼也沒賣出去。而第二個小販卻巧妙的利用「三步提問法」主動提問，將李子賣了出去。

在談話的過程中，面對別人的提問，我們不能總是被動的回答，尤其是在沒有搞清楚對方提問的真正目的時，盲目的回答毫無意義。如果你是一位銷售人員，還可能因此丟掉一筆訂單。這時，你大可主動把對方的問題丟回去。

對話一：

顧客：「請問這個布料有其他顏色嗎？還是只有我看到的這幾種？」

銷售員：「你喜歡什麼顏色的布料呢？」

對話二：

顧客：「你們的衣服都是這樣的款式嗎？」

銷售員：「你喜歡什麼款式的衣服？」

對於上面的問題，如果銷售人員大費周章的介紹其他顏色的布料、其他款式的衣服，就很難搞清楚顧客真正的需求，甚至會因為喋喋不休而使顧客感到厭煩。而**透過巧妙的反問，主動去了解顧客的需求，然後引導對方朝你希望的答案靠攏，從而獲取談話的主動權**，既能節省時間，又能達到想要的效果。

提問小祕訣

一些看似不可思議的奇蹟，往往都源於積極的主動意識。你若想要得到某個機會，最好的辦法就是主動去問一下。

06 想說服對方買牛奶，你該怎麼問？

「你看起來很累，還好嗎？」將心比心，了解客戶，找到他的需求。

在提問中，很多人認為只有「口若懸河」式提問才能勝出，但有時口若懸河只會讓人覺得你喋喋不休，惹人討厭。其實，問題不在於多，而在於精、在於抓住關鍵，才能打動人心。

能打動人心的問題，對方才有興趣並且樂意回答。我們在提問前，要認真思考：**應該提出什麼樣的問題？為什麼要提出這個問題？這個問題能帶來什麼？具體應該怎麼提問？**在了解對方之後要充分思考，而不是想問什麼就問什麼，胡亂提問。以推銷牛奶為例，常常會有下列場景。

銷售人員：「你好，我們新推出了一款牛奶，有……特點，你要不要喝看看？」

客戶：「不需要。」

銷售人員：「但是我們的牛奶確實很棒……。」

客戶：「這跟我有什麼關係呢？我從來不喝牛奶，我也活得很好！」

在這裡，銷售人員根本沒有考慮客戶的需求，完全是無的放矢。所以，客戶幾句話就把他打發了，這是很失敗的提問。如果我們換成以下提問，就能很容易被客戶接受。

銷售人員觀察客戶一段時間後，發現客戶身體缺鈣，於是，他找準合適的地點，比如上樓時，對客戶說：「當心點，妳看起來很累？我來攙扶妳上去。」

客戶：「謝謝你，老了，手腳不靈活了。」

銷售人員：「怎麼能這麼說呢，妳還要再享幾十年福呢，上年紀的人鈣質流失得快，要注意補鈣，這樣手腳才俐落。」

客戶：「可不是嗎？不過吃鈣片補充效果不是很好。」

銷售人員：「喝牛奶效果不錯，因為人絕大多數營養都是從飲食中獲得的。阿姨，妳看這樣，我們剛好有低脂高鈣的鮮奶，妳要不要喝看看？」

客戶：「聽起來確實很好，那我就試試看。」

這位銷售人員之所以能順利成交，就在於他發現了客戶「缺鈣」這個關鍵，從而以此為切入點，找到了客戶的潛在需求，在銷售人員提出問題後，客戶很樂意就接受了。

因此，在銷售領域，銷售人員要想順利成交，就要找到客戶的需求點、關鍵點，並及時滿足客戶。**把銷售的理由變成客戶需要購買的理由**，由銷售員的「我要賣」轉變為客戶的「我要買」。**以客戶為中心，以需求為關鍵導向，進而提出你的問題**，才能提高你的成交機率。

有一些業績不好的銷售人員通常會敷衍了事的詢問一些問題，無法使客戶的需求得到滿足，從而不能幫助他們真正的解決問題。我們再看另一個案例。

張曉想要購買一輛皮卡車（按：指帶開放式載貨區的輕型卡車，一般稱輕便客貨兩用車或是貨卡）。她與丈夫去了多家店，並與七個銷售人員進行了交談。

通常，對方的開場白是「有什麼需要幫忙的嗎？」或者「你需要什麼樣的車？」

「一輛皮卡。」張曉回答說。

與他們交談過的七個銷售人員，有六個人在這時轉向張曉的丈夫，然後問：「你想要哪一種類型的皮卡呢？」

「大部分時間是家用，」張曉接過話：「所以，我認為我需要的這輛皮卡要能幫我們載一些東西，且要在司機後面有一排座位，可以讓我們的孩子坐在那裡。」

再一次，七個銷售人員中有六個還是轉向她的丈夫，問：「那你喜歡駕駛什麼樣的皮卡？」

而第七個銷售人員轉向張曉問：「妳是想要後面有座位的，並且能放得下安全座椅的皮卡，是嗎？」

張曉回答說：「是的。我們就是需要這樣的皮卡。」

第七個銷售人員指著一輛皮卡介紹說：「這輛皮卡性價比好，關鍵是後排空間大，孩子在後面會很舒適。」

張曉笑著跟丈夫商量了一下，最後決定買第七個銷售人員介紹的皮卡。

案例中的六個銷售人員的問題，在於對客戶的敷衍了事，沒有抓住客戶的關鍵需求進行提問。而第七個銷售人員注意傾聽，他正確的判斷出張曉的關鍵需求，所以提出了打動張曉的問題，進而幫助張曉真正的解決了問題。

那麼，提問者如何才能抓住對方的關鍵需求呢？

第一，提問前要注意對方回答的關鍵字。關鍵字一般是指出現次數多、使用較頻繁的詞、表示重點的詞或句子，或者某一特定的概念等組成的。當然，要想抓住對方的關鍵字，前提是要善於傾聽。

A：「你好，請問要選什麼樣的相機呢？」

B：「價格便宜的、優惠的、物美價廉的。」

從B的回答可以看出他的回答重點是價格，那麼，A就可以適當推薦一些價格較低的產品。

第二，當提問者無法抓住對方回答的關鍵時，可以有禮貌的使用反問的句子，讓對方提供進一步的資訊。

第三，有時，對方的回答很難讓人明白，甚至他自己都不知道自己在說什麼，這時可以問對方「為什麼」。

第四，如果對方的回答是錯誤的，提問者不能直接指出來，要顧及對方的自尊心，委婉而有禮貌的指出對方的錯誤。

另外，在提問時，要認真傾聽，理解對方的心理或需求，才能提出打動對方的問題，對方才會由衷的回答，從而得到你想要的資訊。

提問小祕訣

除了抓住關鍵提問外，還有讚美式提問、利用好奇心提問、抓住對方的興趣提問，這些也是打動人心的方式。

第三章

不知道說什麼？那就問問題吧！

01 激發對方的表達欲，他會說更多

基於對方的行為提出問題，激發對方產生一種自我表現的欲望，如：「你是怎樣選擇現在的保險的？」

人是群居性動物。人的情感功能系統還有一個先天存在的機能，那就是需要他人關注自己、親近自己和重視自己。在社會生活中，我們每個人都會有不同程度的向眾人表達自我的欲望，如表現自己的才能、美貌、社會地位，以及社會財富等等。

所以，想要問出對方最真切的回答，就要懂得人們的這一心理。因此，在提問時，我們要能夠最大限度的基於其行為進行提問，激發人們內心表達自我的欲望，從而讓對方說出自己行動的真實原因。

假如你是保險推銷人員，可以向客戶李先生這樣詢問：「李先生，你是怎樣選擇現在的保險的？」這種試圖了解客戶的過去、現在和未來的行為問法，對方聽後會產生一種表達自我的欲望，因此樂於與你進行溝通。

王琦原是一個小小的業務員，憑藉多年的努力，終於當上了業務部門經理。作為業務部門經理，王琦對如何與業務員打交道自然熟稔。長期以來，他已經形成了一套獨特的做法：與所有人會面，都是由他提出見面。

有一天，有一個銀行業務員到王琦的辦公室聊天。這個銀行業務員在過去五年中經常到王琦這裡，總是試圖與王琦達成合作，並且每年幾乎都會說一樣的話：「王先生，你們在銀行方面是否有什麼困難呢？」

王琦的回話幾乎也沒有變過：「沒有，一切都很順利。」這個銀行業務員總是很不甘心的說：「你不可能碰不到一點煩心事吧？」然而，王琦總是雙手一攤，說：「沒有，真的沒有。」這位業務員內心總是很納悶，始終不知道王琦為什麼總是拒絕他，最後黯然離去。事實上，王琦很為這個業務員感到惋惜，很多次他幾乎都想要對這個業務員說：「面對我這樣的業務老手，你這樣的提問方式是沒有任何意義的。」

王琦用這個案例來教育手下的新手業務員，他提出了自己的看法：「如果這個銀行業務員換一種提問方式，情況又會如何呢？假設他問：『王先生，我只是想知道，你為什麼會選擇現在的銀行？』那麼我就會回他：『哦，是一位朋友推薦的。他對這家銀行的評價很高，我看到它提供免費的支票帳戶，於是我就到這家銀行開了帳戶。』」

案例中的銀行業務員如果換一種可以令對方變得積極起來的問題，那麼他得到的答案也將完全不同。「你是否有什麼困擾呢？」這樣的問題太簡單，沒有針對性，屬於基於對方困擾的問題，面對行業中初出茅廬的人或許還可以應付，但對心智成熟、意志堅毅的人來說是遠遠不夠的，不但一單也不會成交，還會有害無益，使你失去溝通的控制權。

因此，想要溝通順暢，提問時就要想得遠一些，**不要將問題拘泥於對方的困難之處，而要基於對方的行為提出問題，刺激對方產生一種自我表現的欲望**，要知道人們往往很期待有機會表現一下自己的能力，所以對方多少總會說一些。

提問小祕訣

提問時要注意，基於對方行為的提問，效果也是有分別的。所以，提問前要想好哪種提問方式更好一些。

02 用一個話題，引出另一個話題

不知道怎麼與人交談時，可以先提出一個話題性問題，引起對方的談話興趣，如：「妳的包包好漂亮，哪裡買的？」

很多人與陌生人接觸時，習慣於採用試探性的提問來進行搭話。他們會說：「嗨，你好嗎？」然而，這並非是開始對話的最佳方式。多數時候，對方會告訴你：「我很好，謝謝。」接著，你們之間的氣氛就會變得尷尬起來。

很多銷售人員也很困惑，他們明明知道自己的工作就是和客戶聊天，從聊天中得到客戶的資訊、促成成交的意願，但是，他們卻不知道要和客戶聊什麼，也不知道從何聊起。

為什麼會這樣？因為答話之後沒有繼續下去的話題，突然中斷，整個過程很突兀，必定令雙方感到不自在。所以，這時候，你不妨提出一個話題性問題，引起對方聊天的興趣，引出他們主動傾訴的話語，你才能在交談中占主導地位。這樣，無論你說些什麼，對方都將根據你提出的話題做出相應的回饋。

舉個例子，你是地毯銷售人員，走進一家旅館，想要推銷你賣的地毯給店主。你可以向他走過去，然後說：「嗨，你好，我注意到你有一塊漂亮的棕色地毯。我想知道你是從哪裡買到的？為什麼你選擇買這塊地毯呢？」

適當的引入相關的話題提問，會促使你的客戶產生強烈的表達欲望。相反的，如果你的提問方式不合適，或者引入的話題不恰當，那只會使雙方感到尷尬。

對話一：

小李是3C產品的銷售人員，他想推銷電腦給劉老闆。於是他走進辦公室後問：「劉老闆，最近你的電腦跑得還快嗎？」

結果，劉老闆不知道如何回答他的問題。愣了愣，然後指著電腦的螢幕說：「對我來說好像還可以吧。」小李感到很尷尬，不一會兒只好起身離開了。

劉老闆的話很明顯並不是小李預期所想要的反應，且小李的提問方式不能讓對方感興趣，便很難再交談下去。

對話二：

小王是3C產品的銷售人員，他想推銷電腦給劉老闆。

小王走進辦公室後問：「劉老闆，你好，請問你是怎樣關閉現在正在使用中的電腦？還有你是怎樣安裝這個系統的？你為什麼選擇這個系統呢？」

對話二中的銷售人員小王提出了一些話題性問題，使對方願意回答，讓對話能進行下去。即便劉老闆不知道如何回答這些問題，也可能願意介紹他到公司相關負責人那裡去。

因此，在陌生的環境中，不知道怎麼與人交談時，嘗試用一個恰當的話題，自然而然的引出你想問的問題來，雙方一問一答，你來我往，不知不覺間，你們好像對彼此都很了解，你們的關係就會逐步的親密起來。

總之，在與人進行溝通的時候，為了避免尷尬的情況，我們可以**先引出一個話題性問題，引起對方的談話興趣，並利用提問的方式說出來**，那樣溝通就會達到非常好的效果。

提問小祕訣

你可以採用下面方法來練習引出話題：

設定一個提問者不熟悉但簡單的主題，用誰（who）、什麼（what）、何時（when）、哪裡（where）、怎麼（how）和為什麼（why）作為提問的開端詞。

03 好奇能殺死一隻貓，但對方會開口

聊對方感興趣的話題，對方就很容易對我們產生好感，從而信任我們，如：「你有沒有過野外露營的經驗？」

在談話的過程中，大多數人都願意談論自己的事情，如果你想把話題進行下去，或是達到某種目的，就要多問一些對方感興趣的話。

許多優秀的銷售員推銷商品時，經常會問客戶一些感興趣的話題，從而把商品推銷出去，而那些沒有掌握這項技能的推銷員則始終業績平平。

一位圖書推銷員按了一戶人家的門鈴，出來的是一位太太，推銷員說：「午安，我是一名圖書推銷員，我們的書品質非常好，裝幀也十分精美，妳要不要看一下有無需要的書？」說著就要把沉甸甸的一摞書往外拿。

這位太太馬上擋著推銷員的手說：「不用了，謝謝。」

「妳還沒看呢，怎麼知道沒有呢？妳先看看。」推銷員還是堅持著。

不料，這位太太有點生氣了，說：「我不需要！請你離開，希望你以後不要再來了！」說完就把門關上了，只留下這位推銷員怔怔的站在那裡。

過了幾天，又有一位圖書推銷員來到了這戶人家，不過他並沒有急著推銷自己的圖書，而是說：「早安，太太，妳的孩子都上學了吧？」

「是的。」太太禮貌性的回答道。

「他們上幾年級了？」推銷員又問。

「大的上四年級，小的上二年級。」

「真沒想到，妳的孩子都這麼大了，而妳看上去還是這麼年輕漂亮。」推銷員露出一副驚訝的表情。

「真的？謝謝！」太太感到很高興。

「我想妳的孩子一定跟妳一樣漂亮聰明。」推銷員接著說。

「是啊，他們的確很聰明，也很漂亮，謝謝你的誇獎。」顯然推銷人員所講的話很有用。

「有妳這樣美麗聰慧的媽媽，他們一定喜歡看書吧？」推銷員試著問。

「對，你說對了，他們非常喜歡看書，尤其是一些圖片精美的圖畫書。」太太回答道。

「是嗎？真是太巧了，今天我剛好帶了幾本圖畫書，我想他們肯定會喜歡，妳要看一看嗎？」說著推銷員拿出了早已準備好的幾本書。

「是嗎？我看看……」太太接過書看了起來。

案例中的第一位推銷人員之所以沒能推銷成功，很大程度上是因為自己的推銷技巧不夠好，找不到與客戶之間的合適話題，並且給人一種強買強賣的感覺。而第二位推銷員先是禮貌性的問候對方，然後再問一些對方感興趣的話題，並以此話題為突破點展開交流，最後成功推銷出自己的圖書。

總之，在談話的過程中，如果我們只想讓別人注意自己，讓別人對我們感興趣，那麼這樣的談話很快就會結束，而如果我們**問一些別人感興趣的問題，對方就會很容易對我們產生好感，從而信任我們**。

提問小祕訣

你要學會用問題去敲擊對方的心靈，讓對方的好奇心甦醒過來，這樣你才有機會。否則，你很難獲得別人的關注。記住，關注的目光背後隱藏著好奇心，而問題是激發好奇心的有效工具。

04 「世界上最懶的東西是？」

適當的製造一些懸念，引起他的好奇心，為後來的成交打下基礎。

人類要取得進步，就要不斷的向身邊既定的一切提問。而**好奇心是促使我們提出疑問的動力**。為什麼我們在成長的過程中，或在平常的生活裡，會提出各式各樣的問題？答案就是好奇心。可以說，好奇心是我們每一個人與生俱來的特質。

好奇心驅使著我們去提出問題，表達自我；好奇心驅使著我們做出改變，取得進步。在生活中，擁有強烈好奇心的人，往往能夠活得比一般人更有趣。機械式的、逆來順受的接受身邊一切的人，他的世界無疑是蒼白和無趣的；而懷著好奇心去看待一切，世界就會充滿彩色的問號。我們想要提出一個好問題、想要獲得有效資訊、想要與對方進行深入溝通，就要懷著強烈的好奇心。

美國國家公共廣播電臺《新鮮空氣》（*Fresh Air*）的節目主持人特里・格羅斯（Terry Gross），是一位客觀公正又機敏聰慧的詢問者。在採訪中，她總是思維縝密、小心謹慎，並且總是對受訪者保持獨特的好奇心。這樣的她很容易得到受訪者的好感，而她問出的那一個個充滿趣味、驚奇的問題也很能引起對方的表達欲望。

在採訪著名小說家史蒂芬・金（Stephen Edwin King）之前，特里・格羅斯在很多場合都公開表示過她對史蒂芬・金寫的小說的喜愛，並對其創作背景充滿了好奇。正因為這些濃厚的興趣和好奇心，特里・格羅斯才能成功的提出一個個鮮活的問題。

二〇一三年五月，她如願以償的採訪了史蒂芬・金。格羅斯從對方的最新一部小說打開話題，針對這部犯罪題材的小說提出了問題：「對於這部小說的風格，你從一個寫作者的角度和一位讀者的角度，分別有哪些偏愛呢？」其實，這個問題緊跟著把一連串的「為什麼」、「關於什麼」、「誰」等問題拋給了受訪者，並且顯示了格羅斯對這部小說的喜愛和好奇。

這個問題一下子就激發了史蒂芬・金的表達欲望，當他用輕鬆幽默的語言回答了一番後，格羅斯的問題也接踵而至。在整個採訪過程中，格羅斯的問題貫穿了始終，全面而深刻的讓聽眾了解了史蒂芬・金本人和他的作品。

從案例中我們感悟到，在提問的時候，一定要懷著一顆好奇心，並且學會表達自己的好奇心，以感染對方也產生好奇心。特別是在剛開始交流的時候，沒有人願意聽一段沒有趣味的演講，也沒有人能夠忍受那些毫無新意的問題的折磨。讓我們向格羅斯學習吧，試著展現自己的好奇心，去問一些驚奇的問題，以激發對方回答的興致。

曾經有一位非常成功的銷售員，他在推銷時總是會帶著一些新奇的玩意兒，配合他高超的談話技巧，成功的說服了每一個顧客。因此人們給他取了個綽號，叫「花招先生」。

有一次，「花招先生」去一位客戶家推銷空調，他先拿出一個蛋形計時器放到桌子上，然後說：「請你給我三分鐘的時間，三分鐘過去，當最後一粒沙穿過玻璃瓶之後，如果你還是對我說的話沒興趣，我馬上離開。」

這位客戶十分好奇，饒有興致的想聽聽他要說什麼。

「請問你知道世界上最懶的東西是什麼嗎？」推銷員問。

「這個……」顧客搖了搖頭，表示猜不到。

「就是你收藏起來不花的錢啊，它們本來可以用來購買空調，讓你度過一個涼爽的夏天。」推銷員一副認真的表情解釋道。

客戶笑了笑，贊同道：「是的。」

這位推銷員總是隨身帶著蛋形計時器、鬧鐘、二十元面額的鈔票等各式各樣的小玩意兒，用它們先來穩住客戶，然後再問一些新奇的話，讓對方對他的產品產生興趣。所以在提問的時候，我們可以適當的製造一些懸念，引起對方的好奇心，為後來的成交打下基礎。

對於提問者來說，上面的案例很有啟發意義。在生活中我們常見到善於提問的人總是能提出一些讓人驚奇的問題，然後兩個人通常會開始熱情的交談。相反的，那些不懂提問的人往往習慣於提一些刻板的問題，很難讓人產生回答的興趣，從而不願意繼續與其交談下去，甚至會讓他人無言以對。

提問小祕訣

在提問時，令對方產生好奇心很重要，它會改變對方對你的印象，加強彼此之間的親密關係。

05 用「二選一」法則，幫他做決定

運用「二選一」封閉式提問，引導他進入你設計的圈子裡，如：「你要買一件還是兩件？兩件可以換著穿。」

有這樣一個小案例。

一條街上有甲乙兩個小吃店，每天光顧兩個小吃店的顧客都差不多，可是甲店的營業額總是賣不過乙店，甲店老闆觀察很久，發現問題出在甲店的服務員身上，甲店的服務員總是問顧客：「請問你要不要加顆蛋？」而乙店的服務員總是問顧客：「請問你是要加一顆還是兩顆蛋？」

顯然，乙店的服務員問了一個二選一的問題，或者說選擇式的問題，這樣問可以限定顧客的注意力，要求他在限定範圍內做出選擇，而不是讓顧客掌握主動權。這樣一來，顧客最後都至少會加一顆雞蛋，因而銷售額高於甲店。

再如，在銷售過程中，當顧客同意購買，卻又猶豫不決、拿不定主意時，我們可以採用二選一提問法促成訂單的成交。在這種問話技巧中，只要顧客選擇其中的一個，就能快速幫助他做出購買的決定。比如，推銷人員可以問顧客：「請問你要那部淺灰色的車還是銀白色的車？」此種二選一的提問技巧，就是要顧客選其中一個，其實就是你在幫他拿主意，下決心購買。

雖然這種提問的方法對銷售人員來說，是非常有利的，但是在運用此方法時，必須是在自己能夠充分掌握主動權的基礎上，而且自己所問的問題還必須使對方有能力做出明確的回答，否則，對方會有一種壓迫感，導致對話陷入僵局。

這種提問方法一般**運用在溝通的後期**，需要顧客做出某些選擇和決定的時候。也就是你稍稍加把火，就能讓水沸騰起來，讓銷售走向成功。比如：

「太好了，王總，那明天下午是兩點還是三點，方便讓我親自過去拜訪你呢？」

「好的，李總，我是透過傳真方式還是郵件方式，把具體資料發送給你呢？」

「非常感謝，朱總，我是今天下午還是明天上午，親自把入場券送過去給你呢？」

「好的，陳小姐，妳是今天有空還是明天有空？我們好派人到妳家檢查一下門窗的安全問題。」

「你喜歡這三種顏色中的哪一種呢？」

如果電話銷售人員在溝通一開始就採取二選一提問法，那麼最好不要讓顧客做出什麼決定性的回答，而是一種參考性的回答，主要目的是縮小談話的範圍，便於溝通和交流，一旦顧客做出肯定回答後，就可以將他引入到自己要談的主題中，然後逐步引導客戶進入你設計的圈子裡。比如：

「你是否認為在出差旅行過程中，安全問題是最重要的？」
「你是否認為提高員工的工作效率非常重要？」
「你是否認為健康與美麗都非常重要？」

在生活中，與對方約見面時，我們也可以用到這一技巧。如果你問：「什麼時候見個面？」對方很可能會找藉口推託。所以，你最好給對方提供選擇：「我們見面談吧，你希望早一點還是晚一點？」如果對方的回答是「早一點」，你可以給他提供更多選項：「好的，今天還是明天？這個星期還是下個星期？早上還是中午？」如果他回答的是「晚一點」，你還可以給他提供一些選項：「好的，這個月底還是下個月底，哪個時間點會更好呢？」

當你需要弄清楚對方是否會全心投入時，或者想知道對方的疑慮時，你可以使用「是或不是」、「行或不行」的問題，讓對方在某件事上做出明確答案，或者促使他們下定決心。

而當你想獲得直接且真心的答案時，封閉式問題會更有效：用恰當的方式有目的的提出一個封閉式的問題，對提問者來說，這個問題是力量和高要求的最好結合。

不過，在運用「二選一」法則的時候，也要注意以下兩點：

■ 選擇滯後原則。

在提問時，人們通常會把希望對方選擇的話放後面。比如，「你要買一件還是兩件？兩件可以換著穿。」絕大多數顧客會脫口而出：「那就兩件吧。」

再比如，你不太想幫別人帶東西，就可以這樣說：「是我幫你拿回去呢，還是你自己拿回去？」這樣一說，既能讓對方感覺你是在關心他，還能讓對方因為不好意思而選擇自己拿回去。

■ 不要頻繁使用。

人們最怕囉唆的人，如果短短的一分鐘你就頻繁使用「二選一」原則，會讓對方覺得你是在強迫他，自然會對你產生抗拒。

比如，你一進入賣場，一些銷售員就追著你開始問：「你要買褲子還是外套？」、「你喜歡哪種款式，這個還是這個？」、「你喜歡明亮一點的顏色還是暗一點的？」……想必聽到這樣的話你也會失去繼續購買的興致吧。

提問小祕訣

二選一提問法的巧妙之處就在於，一方面它給人選擇的空間，另一方面又直接避開了對方拒絕的意圖。

06 但要確認這兩個選項都對你有利

明確你想要的答案，然後引導對方說「是」，如：「你一定希望身體健康，對嗎？」

某項心理學實驗曾經提出這樣的問題讓大家討論：「你覺得男人和女人誰比較會開車？」過了十五分鐘後，討論暫時中止，然後再問同樣的問題。結果是，幾乎所有人都維持原來的看法。換句話說，剛才的十五分鐘討論完全徒勞無功，大部分人還是會堅持自己最初的看法。我們既不想改變自己，也不希望被改變，總是不自覺的拒絕改變自己信念和看法的知識。

那麼，我們應該使用什麼樣的提問方法，才能讓對方改變自己的想法，心甘情願的跟隨著你的預想走呢？

在上一小節中，我們講到了交談時使用二選一式提問法，可以有效的引導對方的行為。但是，僅僅做到這一點是不夠的，我們應該考慮得更遠一些，進一步開發這一技巧。比如，在提出有兩個選擇項的問題時，最好提供一個積極的選項，這樣可以有效的控制對方的選擇。

在財產交易時，顧客要完整填寫印花稅及地價稅的表格。顧客可以自己填寫，也可以支付一筆錢請事務所來幫他們填寫。但是，事務所發現很難讓客戶選擇由他們代為填寫。

後來，事務所的一位實習生，他發現換一種溝通方式，事務所的這種狀況就可以改變。這位實習生這樣跟顧客交談：「當然，你自己填寫表格可以節省七十五英鎊（按：約新臺幣三千〇五十元），可是要填寫七頁表格，你需要尋找很多精確的資料，其中還有些複雜的資料一定要特別注意。如果你對這些感到頭疼，我們可以幫你去做，你覺得怎麼樣？」就是這樣一種提問方法，使事務所的業務增加了不少。

從案例中我們得知，如果提供給對方兩個選擇，那麼你應確保這兩個選項對對方都有利（第一個選擇：顧客自己填寫，可節省七十五英鎊；第二個選擇：讓事務所幫忙填寫，省去顧客的麻煩）。如果其中一個並不是你想要對方選擇的，那麼就要將這個選擇的缺點明確說出來（顧客需要尋找很多精確的資料，其中還有些複雜的資料），同時將另一個你想要對方選擇的說得更積極一些。

所以，使用這種提供積極選項的問題，可以將與你交談的人往你想要的答案的方向引導。

接下來我們看另一個案例。

邁克去紐約拜訪客戶時，想買一、兩件襯衫來搭配新西裝。在等待下個約會的空檔時，他走進曼哈頓一家男裝店。一位年長的銷售人員從店中央迎面走來，抬頭直視邁克的眼睛並且面帶微笑。

然後他很溫和的說：「歡迎光臨，請隨便看看。」邁克開始四下看的時候，銷售人員接近他，並且在離他兩公尺遠的地方停住，問：「你今天有什麼特別想看的東西嗎？」邁克說：「我想買一、兩件襯衫。」

銷售人員問邁克：「你要在什麼樣的場合穿這些襯衫？」當邁克告訴他是在拜訪客戶時穿，他又問：「你要穿這些襯衫搭配哪種顏色的西裝呢？」當邁克告訴他西裝的顏色後，銷售人員又問：「你比較喜歡哪一種顏色？你心裡有想法嗎？」邁克說：「我還不確定要買哪種款式的襯衫，而且我還沒想好應該花多少錢。」

銷售人員說：「那麼，讓我陪你看一些襯衫，然後向你解釋一下材質和價格上的差異，之後你就可以決定哪些襯衫更適合你了。」邁克非常高興一位銷售人員會這麼真心的幫助他得到需要的東西，於是邁克很樂意聽他的意見。

案例中的銷售人員很聰明，並沒有一上來就幫邁克介紹某件衣服，而是說：「歡迎光臨，請隨便看看。」、「今天你有什麼特別想看的東西嗎？」後來銷售人員又提出了幾個層次緊密的問題，並很詳細的解釋，一步一步的讓邁克跟著他的預想走，最後達成交易。這個技巧的核心，就是把答案限定在對你有利的範圍內。同樣，在與人交談時，我們也可以使用這一技巧。

提問小祕訣

明確你想要的答案，讓對方說「是」：首先，你要提供幾個選擇；其次，要注意這幾個選項之間的差別和層次，以便對方選擇最好的答案。

07 多說「你」，少說「我」，就能勾住他的心

與其稱讚「這件衣服很漂亮」，倒不如說：「妳這件衣服很漂亮，非常適合妳」效果會更好。

在交談過程中，如果總是把「我」字掛在嘴邊，就會給人很自私、很狹隘的感覺。這樣的人是沒有人願意和他成為朋友的。相反的，多說「你」，使對方始終成為你們談話的中心，會讓對方覺得你關心他，願意分享他的一切。每個人都喜歡談論自己熟悉的事情，所以，當你在交談中有意識的運用這一點，引導對方說他自己的事情時，就會使對方高興，你也會給對方留下最佳的印象。如此一來，對方就會關注你說的話，願意接受你提出的問題。

美國著名的柯達公司創始人伊士曼（George Eastman），捐贈鉅款要在紐約的羅徹斯特（Rochester）建造一座音樂廳、一座紀念館和一座戲院。為承接這批建築物內的座椅，許多製造商展開了激烈的競爭。但是，找伊士曼談生意的商人無不乘興而來，

敗興而歸，一無所獲。正是在這樣的情況下，優美公司的經理亞當森前來會見伊士曼，希望能夠得到這筆價值九萬美元的生意。

伊士曼的祕書在引見亞當森前，對亞當森說：「我知道你急於得到這筆訂單，但我現在可以告訴你，如果你占用了伊士曼先生五分鐘以上的時間，你就完了。他是一個很嚴厲的大忙人，所以你進去後要快快的講。」亞當森微笑著點頭稱是。

亞當森被引進伊士曼的辦公室後，看見伊士曼正埋頭於桌上的一堆文件中，於是靜靜的站在那裡仔細的打量起這間辦公室來。

過了一會兒，伊士曼抬起頭來，發現了亞當森，便問：「先生有何指教？」

祕書為亞當森做了簡單的介紹後，便退了出去。這時，亞當森沒有談生意，而是說：「伊士曼先生，在我等你的時候，我仔細的觀察了你這間辦公室。我本人長期從事室內的木工裝修，但從來沒見過裝修得這麼精緻的辦公室。」

伊士曼回答說：「哎呀！你提醒了我差不多忘記了的事情。這間辦公室是我親自設計的，當初剛建好的時候，我喜歡極了。但是後來一忙，一連幾個星期我都沒有時間仔細欣賞一下這間房間。」

亞當森走到牆邊，用手在木板上一擦，說：「我想這是英國橡木，是不是？義大利的橡木質地不是這樣的。」

「是的，」伊士曼高興的站起身來回答說：「那是從英國進口的橡木，是我的一位專門研究室內橡木的朋友專程去英國為我訂的貨。」伊士曼心情極好，便帶著亞當森仔細的參觀起辦公室來。

他把辦公室內所有的裝飾一件件向亞當森做介紹，從木質談到比例，又從比例說到顏色，從手藝談到價格，然後又詳細介紹了他設計的經過。

此時，亞當森微笑著聆聽，饒有興致。他看到伊士曼談興正濃，便好奇的詢問起他的經歷。伊士曼便向他講述了自己苦難的青少年時代的生活，母子倆如何在貧困中掙扎的情景，自己發明柯達相機的經過，以及自己打算為社會做的巨額的捐贈……。

亞當森由衷的讚揚他的功德心。本來祕書警告過亞當森，談話不要超過五分鐘。結果，亞當森和伊士曼談了一個小時又一個小時，一直談到中午。

最後伊士曼對亞當森說：「上次我在日本買了幾張椅子，放在我家的走廊裡，由於日晒，都脫了漆。昨天我上街買了油漆，打算自己把它們重新漆好。你有興趣看看我的油漆表演嗎？好了，到我家裡和我一起吃午飯，再看看我的手藝。」

午飯後，伊士曼便開始動手，把椅子一一漆好，並深感自豪。直到亞當森告別的時候，兩個人都沒有談及生意。最後，亞當森不但得到了大批的訂單，而且和伊士曼結下了終身的友誼。

亞當森的提問方式很值得我們學習。高明的提問者在提問的過程中會多談對方的事情，讓對方做一個訴說者，提問者自己則作為一個傾聽者。這樣才能使雙方的關係融洽起來，為下一步的有效提問鋪好底。

不僅如此，在日常生活中，我們多說一些「你」字，往往會取得更好的效果。比如，你誇女同事「這件衣服很漂亮」，如果換成「妳這件衣服很漂亮，非常適合妳」，效果會更好。第一種說法會讓對方覺得你在敷衍她，而第二種說法則會讓她覺得你的確在關注她，從而相信你說的一定是真心話。

因此，在交際過程中，我們要做一個明事理、大方的人，不要把話題凝聚在「我」的身上，而要談一些**「你」關心的事情**、**「你」喜歡的事情**。這樣的人，人人都喜歡。

提問小祕訣

跟別人說話時，要盡量在每個句子前面都加上「你」字，這樣會立刻抓住聽眾的心。在提問過程中，要想凸顯自己的說話水準，贏得對方的尊重和喜愛，千萬要記得隨時隨地把「你」字掛在嘴上。

第四章

疑難問題這樣問，對方才願意回答

01 批評不能直白，得裹上一層糖衣

「今天下雨了，可以放鬆一些，工作沒問題吧？」批評不是目的，能夠讓人改正錯誤才是最理想的做法。

自古便有「良藥苦口，忠言逆耳」之說，在現實生活中，直截了當的批評對方很容易激起對方的憤怒，他們不但不會反思你的話，反而還會對你產生厭惡感。假如你的員工在工作中出現了一個失誤，你把員工叫過去，劈頭蓋臉的訓斥一番，甚至大罵員工是白癡，然後要求他趕緊改正。可以想像當時對方的心情有多麼糟糕，那時對方思考的重點絕不是失誤，也不是如何去改正錯誤，多半是心生不忿。

因此，批評對方時，為了不傷害對方的自尊，不妨給自己的批評裹上一層糖衣，這樣對方更容易接受，還能達到「忠言不逆耳」的好效果。這層糖衣就是問題引導。透過一些委婉的提問句，讓對方自行發現錯誤，可以避免直接批評帶來的負面結果。

威廉・麥金利（William McKinley）在一八九六年競選美國總統時，其代表的共和

黨的一位重要成員絞盡腦汁撰寫了一篇演講稿，並覺得自己寫得非常棒，於是十分高興的在麥金利面前把這篇演講稿朗誦了一遍。

麥金利認為這篇演講稿雖然有可取之處，但並不盡善盡美，如果就這樣發表出去，可能會引起一場批評風波。但是麥金利又不願意打擊這位成員的積極性。可是現在這種情況，他又不得不說。

麥金利考慮了一下，說：「我親愛的朋友，這可真是一篇見解獨到、精彩絕倫的演講稿。我相信再也不會有人寫得比你更好了，就許多場合來講，這確實是一篇非常適用的演講稿，可是，如果在某種特殊的場合，是不是也很適用？從你的立場來講，那是非常合適的，可是我必須從共和黨的立場來考慮，這份演講稿發表後可能會產生的影響。所以，現在你先回去，按照我剛才所提出的建議再修改一遍，然後再送一份給我。」

那位重要成員認真的思考了一下，覺得麥金利的建議很正確，便照做了，後來他在麥金利的競選活動中，成了最有力的助選員。

由此可見，批評他人是需要技巧的。用提問批評法，可以使對方更容易接受，批評也會更有效。特別是當別人犯了錯誤，自己已經意識到了，甚至對所犯的錯誤滿懷罪惡感時，如果我們不分場合和對象，一味的譴責他，會讓他既難堪又難受。

批評不是目的，能夠讓人改正錯誤才是最理想的做法。如果你看到部屬工作時間有些悠閒，心裡很不高興，當場就喝斥：「這麼慢吞吞的！你是不是不想幹活了！」這時，部屬心裡肯定在想：「廢話，我當然知道要幹活了！」假如我們換一種方式，這樣說：「今天下雨了，可以放鬆一些，工作沒問題吧？」這樣的問句表達的是你的擔憂，而不是針鋒相對的批評，可以有效避免激起對方的叛逆心理，同時，又具有極佳的委婉提醒的效果。對方聽到這樣的問話，會很自然的想到：「哎呀，不能再這麼坐下去了，要不然工作就完成不了。」

透過提問的方式，委婉的表達批評，能夠引導他人去思考和反思。那要怎樣批評比較好呢？你需要培養自己的智慧，不要直接批評。那樣做導致別人不高興是小事，最糟的是，很可能會引起過烈反應，造成更壞的後果。

提問小祕訣

批評是抱有善意的，並不是心懷惡意，批評只是另一種關心。同時，在使用提問的方式來表達批評時，一定要保持平和的態度。

02 不想回答？那就反問，只問不答

反問，只問不答，可以讓對方自行從反問句中領會別人想要表達的意思，比如：「你怎麼會問我這個？」

對於年紀不小，仍是單身的人來說，最討厭被問結婚這件事。因此，要是被問「為什麼還不結婚？」這類不願回答或難以回答的問題時，可用反問的方式回應對方。可以回：「那你又為什麼要結婚呢？」、「結婚後真的有如你想像中一樣好？」這是一種原封不動的將問題奉還給對方的技巧，而且這個技巧出奇有效。

反問是從反面提問，答案就在問題中。這種運用疑問的語氣，來表示肯定或否定的意思和強烈感情的修辭手法，也叫激問、反詰、詰問。反問是用疑問的形式表達確定的意思，以加重語氣的一種修辭手法。反問，只問不答，人們可以從反問句中領會別人想要表達的意思。

下面我們來看兩個小故事：

故事一：

蕭伯納（George Bernard Shaw）的劇本《武器與人》首演獲得成功，許多觀眾在劇終時要求蕭伯納上臺與大家見面。當蕭伯納走上舞臺時，有一個人對他大聲喊：「蕭伯納，你的劇本糟糕透了，沒有人要看！收回去吧！」

蕭伯納聽到後，一點兒也不慌張，他向那個人深深鞠了一躬，彬彬有禮的說：「我的朋友，你說得好，我完全同意你的意見。」然後，他看了一眼正歡迎他的全場觀眾，向青年反問了一句：「不過，親愛的朋友，只有我們兩個人覺得糟，有什麼用呢？」話音一落，全場爆發出長久的熱烈掌聲。那個人只好摸摸鼻子溜走了。

故事二：

貞觀十五年，唐王李世民問大臣：「守天下難不難？」

魏徵回答說：「非常難。」

李世民又問：「我任用德才兼備的人為官，又聽從你們的批評和意見，守天下還難嗎？」

魏徵說：「古代的帝王，打天下的時候，能夠注意用人和聽從意見，一旦打下天下，只圖安樂，不喜歡別人提意見，導致亡國，所以聖人說『居安思危』，指的就是這個，能說守天下不難嗎？」

以上兩個小故事中的主人翁，為了反駁對方，在回擊對方的時候都巧妙的運用了反問。再看下面主管與部屬的對話：

某主管催促部屬：「這項工作能不能再趕一下，盡量明天完成？」

部屬借機重複對方的話，反問：「啊，明天嗎？」

主管點頭說：「是呀，否則就趕不上了。」

部屬再次重複對方的話，說：「哦，的確，是趕不上了呀。不過，如果要在明天完成，是不是要調整目前進行中的其他工作安排？」

主管想了想說：「嗯，那好，我再和部長商量一下。」

部屬透過反問的方式，使他的主管明白：在規定的時間內完成確實有困難，或許有必要尋找其他的解決方案，而不是強行改變工作安排。相反的，假如部屬直接反擊，說：「之前不是已經說好了嗎？怎麼說改就改？」局面便會完全不同。這樣糟糕的對話方式，你覺得還會好嗎？

反問是一把雙刃劍，用得好可以讓對方自行找到答案，用不好還會被認為是一種反擊。所以，為了避免讓人覺得有侵略性，我們在反問時，要用溫和的目光和柔和的語氣，並在提問中做出關心的姿態，讓對方感到你很關心他。

需要注意的是，不要太過頻繁的使用反問，否則會產生相反的效果。對方會覺得你心不在焉，完全沒有認真思考，懷著敷衍的態度。這樣會很容易激怒對方，讓他認為你在戲弄他，那麼你們之間的交談也就無法很好的進行下去。

提問小祕訣

英國約克大學（The University of York）的彼得．布林（Peter Breen）教授表示，當被問到覺得尷尬的問題時，只要立刻用反問的方式將問題丟回給對方，就能順利脫困。

03 反覆問，就會得到你要的結果

反覆問的時間間隔要越來越短，次數要越來越頻繁，才有助於達到目的。

求人辦事向來是件難事，尤其是在面對難以應付的人時。有的人在求人辦事時遇到了阻礙，但並不會氣餒，總是一遍又一遍去催、去問，最終得到了自己想要的結果。

趙普是宋朝的大臣，他做過太祖、太宗兩朝的宰相，是個性格堅韌的人。有一次，趙普向宋太祖推薦一位官吏：「皇上，孟飛是一位難得的賢臣，他已為官多年，你是不是該考慮一下他晉職的事情？」因為太祖平常不喜歡這個人，故對趙普的話沒有理睬。

趙普並沒有灰心，他覺得自己是一心為公，並沒有做錯，第二天上朝又向太祖提起這件事，請太祖裁定，太祖還是沒有答應。趙普仍不死心，第三天又提出來：「皇上，孟飛的事你考慮得如何？」

趙普接連三天反覆的問，同僚都吃驚了。太祖這次動了氣，將奏摺當場撕碎，扔在了地上。但令人吃驚的是，趙普又默默的將撕碎的紙片一一撿起，回家仔細黏好。第四天上朝，話也不說，將黏好的奏摺舉過頭頂，立在太祖面前不動。

太祖真是無可奈何了：「若我不同意，這次你會怎樣？」趙普面不改色：「有過必罰，有功必賞，這是一條古訓，誰都不能更改，但皇帝怎麼能以自己的好惡而無視這個原則？」聽了這話，太祖知道沒辦法不答應他，只好准許了趙普的奏請。

故事中的趙普向宋太祖推薦了一位官吏，由於宋太祖不喜歡這個人，故無法答應。但趙普是個很執著的人，不答應他，他就使出了反覆問這招。反覆問就是緊抓一個問題不放，不回覆，不給他滿意的答覆，就一直問下去。在求宋太祖准許自己的奏請這件事上，趙普一共追問了四次。從第一次到最後一次，追問的程度越來越深。他之所以不放棄，是因為他知道不能給宋太祖一點拖延的機會，一拖延，事情成功的機率就會很低、很低。

使用反覆問這招，不要擔心對方不高興。當然，使用這種技巧的人必須具備抗壓、遇硬不怕、逢險不驚，能控制自己的情感，喜怒不形於色的素質。

反覆問別人時也要注意用語的分寸，千萬不要用「怎麼還不處理呀？」、「不是說昨天就給我答覆？為何說話不算話？」、「你們到底什麼時候才要解決？」等責問的語氣。用平和的心態詢問對方，才能有助於你達到目的。

在反覆問的**時間間隔上要越來越短**，**次數上要越來越頻繁**，造成對方的緊迫感。雖然頻頻催問很可能會引起對方的煩躁，但是只要你堅持不懈，就會帶來轉機。

一個專案的推進、一個決策的執行、一個方案的拍板，其中都少不了「催問」這個環節。「催問」就是催促別人採取行動配合你的工作，但是催促他人辦事，也要注意方式、方法，和拿捏分寸。

例如，你需要挑選一個培訓課程、一個長期合作的物流公司、一個辦公室裝修承包商，這些工作都不可能馬上拍板決定，必須根據公司的制度一步步的進行篩選比較，在合同簽訂之前還要按照流程進行審核。在這種情況下，如果銷售方把公司資料或者專案報價發出後沒多久，就催問你意下如何？你是很難拿出確切答覆的。而且當你還要貨比三家，面對多家公司時，如果每個銷售方都追著你問，你肯定會覺得很煩。總之，在與人交談的過程中，反覆問，可以讓你獲得想要的結果，讓交談順利進行。

提問小祕訣

催問的時候不要有過激的行為，要有受氣的心理準備，無論何時都要保持一種平和的心態，這樣才能達到你的目的。

04 換位思考，他會接受你

站在對方的角度考慮問題，對方才有可能接受你，如：「對不起，店裡沒貨了，我幫你問其他分店看看。」

你正和某人聊著天，然後對方突然告訴你一件傷心事，比如「我剛被資遣」，你要怎麼回應？如果你能感同身受的做出回應，對方就會覺得貼心，你們的關係就會變得更好；如果你漠不關心，那你們的關係就有可能中斷。也就是說，**與對方談心時，一定要站在對方的角度考慮，真正了解對方、打動對方，對方才有可能接受你**。

一位洗衣機推銷員在拜訪客戶前，做了一番調查，知道客戶家裡有一個孩子，於是，她決定從孩子的事情入手。因為她自己也有孩子，深知養孩子的困難。見到客戶後，她寒暄了幾句，便把話題轉移到了養孩子的話題上。她說：「現在養孩子真不容易，是吧？」客戶很有共鳴，接著說：「是啊，養孩子的費用很高，學費、生活費、補習費加起來不少呢。」「主要是學習，讓人費心，一整天只知道玩！」

推銷員聽到客戶的抱怨後，便說：「我深有同感，我家的小孩也是讓人很費心，學習成績總是上不去，讓我們很頭疼。」聊了一會兒有關孩子的話題後，客戶這才想起來對方是來推銷東西的，於是說：「妳是推銷什麼的？」這位推銷員說：「洗衣機，公司最新生產的環保節能洗衣機。」「正好，家裡的洗衣機又舊又小，還耗電，正打算換一臺新的呢。」最後，這名推銷員順利成交。

案例中的這名推銷員之所以能夠成功的推銷出洗衣機，就在於她有同理心。她站在客戶的角度考慮問題，找到了雙方的共同點，打動了對方，與對方產生了共鳴，再提出其他問題，對方很容易就接受了。就像汽車大王福特（Henry Ford）所說：「假如有什麼成功的祕密，那就是要學會換位思考，了解別人的態度和觀點。因為這樣不但能與對方溝通的更好，而且可以更清楚的了解對方的思維軌跡，從而有的放矢、擊中要害。」

我們再看同一情景兩個不同服務人員的溝通對比。某客戶想買急需的零配件，但目前這個配件已經缺貨，以下為服務人員和客戶的對話。

情景一：

客戶：「我想今天拿到那個小零件。」

服務員：「對不起，星期二我們才會有這些小零件。」

客戶：「我很急，今天就需要。」

服務員：「對不起，我們的倉庫裡已經沒貨了。」

客戶：「我今天就要它。」

服務員：「我很願意在星期二為你找一個。」

情景二：

客戶：「我想今天拿到那個小零件。」

服務員：「對不起，星期二我們才會有這些小零件，你覺得星期二來得及嗎？」

客戶：「星期二太遲了，那臺設備得停工好幾天。」

服務員：「真對不起，我們的倉庫裡已經沒貨了，但我可以打電話問一下其他的維修處，麻煩你等一下好嗎？」

客戶：「好，沒問題。」

服務員：「真不好意思，別的地方也沒有了。我去申請一下，安排一個工程師跟你去檢查一下那臺設備，看看有沒有別的解決辦法，好嗎？」

客戶：「也好，麻煩你了。」

我們透過比較這兩個情景發現，第一個情景中的服務人員一直在反覆道歉，同時非常明確的告訴客戶星期二會有貨，值得表揚的是他再三道歉，並且解釋原因。第二個情景中的服務人員雖然也沒有解決客戶的問題，但是服務人員的話讓客戶感覺更舒服，因為服務人員盡可能的提供多個方案幫助客戶解決問題，回答的話充分照顧到了客戶的感受，而不是一味的強調規定和理由，兼顧到了對方的心理感覺。第二個服務人員就是運用了同理心，讓客戶心甘情願的接受他的方案。

其實，同理心就是溝通中「二八定律」的最好運用。溝通中「二八定律」是指影響溝通八〇％效果的因素，只占整個溝通二〇％的心理感受和感覺。可見，心理溝通能夠對整個溝通效果產生重大影響。

因此，我們在與人交談時，一定要具備同理心，站在對方的角度考慮問題，讓他心甘情願的接受我們所提出的問題。

提問小祕訣

同理心就是站在當事人的角度和位置上，客觀的理解當事人的內心感受，且把這種理解傳達給當事人的一種溝通交流方式。同理心就是將心比心，同樣的時間、地點、事件，將當事人換成了自己，也就是設身處地去感受、去體諒他人。

05 學會麻煩別人

搞定一個能夠幫助你的熟人，比直接搞定一個陌生人要簡單、容易。

俗話說「人無完人」，一個人再全能、再無所不知，也會有不清楚的時候、有不擅長的事情。雖然每個人都有提問的能力，但在提問這件事情上，有些人確實做得比其他人好。如果在你接觸的人中，有人比你更擅長詢問，那麼你就應該盡可能的尋求他的幫助，找他來幫忙問，效果會更好。

有一家公司想要擴展業務，最終找到了一些目標客戶。但他們暫時還沒有找到進行此事的頭緒。

市場主管問企業顧問：「怎樣做才是最好的方式？」然而，企業顧問並沒有回答這個問題，他給的意見是，與其探索怎樣做比較好，還不如去想由誰來做會更好。找不到最好的突破點，那麼不妨找找其他人。

有些人反對企業顧問的意見，認為那沒有什麼指導意義。企業顧問沒有辯駁，他問：「公司之前有沒有人與目標公司的老闆打過交道？」研發部主管說：「我和目標公司的財務總監是校友。我知道，他每個星期都會去運動中心打一次迴力球（按：壁網球）！」於是，所有針對企業顧問的指責都沒有了。這位研發部主管承擔了這次業務擴展的職責。

研發部主管和目標公司的財務總監聚了聚，然後說出要合作的意向：「麻煩你幫我一個忙，跟你的同事引薦一下我們，看看能不能約個時間見個面。」接著，這位財務總監就介紹公司裡另一位重要的人物給他認識。透過熟人的影響力，研發部主管跨過了那道門檻，經過幾回合的會議磋商，生意談成了。

與其讓市場主管進行接觸和拜訪，還不如請一個能和他們聯繫得上的人去問。**找個熟人來幫忙問要比親自去問效果好很多**，這是一種非常有效的提問策略。同樣的接觸，陌生拜訪的效果永遠比不上熟人之間的溝通。你向十個陌生人詢問，也許會有八個讓你吃閉門羹。而詢問十個熟人，也許會有八個回應你的問題。由此可以看出，請別人替你問，提問效果會好很多。

一般來說，遇到以下兩種情況可以請求別人幫忙：

▣ 別人比你還要擅長。

別人比你擅長的，要請求別人幫你問。請不要低估這一點。比如，有些公司就是派出了不合適的人去參加商務活動，結果影響了銷售和詢問的效果。

◘ 別人比你還熟的。

如果你詢問的對象與你的某個朋友已經打過交道，或比較熟，那麼你可以請你的朋友去幫你詢問。這樣，事情會變得簡單得多，你成功的機率會很大。從另一個方面講，這不是個人能力的問題，而是有關人際關係和個人影響力的問題。

需要特別注意的一點是，如果沒能請到別人親自幫你詢問，那麼**切忌借用別人的名字**，以期跨過那道陌生到熟悉的門檻。有些人會說：「○○是我的朋友，他要我打電話給你。」如果這樣說，對方可能會覺得納悶：「他沒有跟我說過你的事情啊，為什麼他不自己打電話過來？」

因此，最好的辦法是，在交談過程中只提到朋友的名字及其與自己的關係，以拉近彼此的距離。

比如改說：「聽說你也認識○○？我是他的好朋友，有機會約他，我們幾個人一起吃個飯，怎麼樣？」但如果可能，還是盡量請這個朋友去幫你問。

當你等不及要發問，或者不知道如何去問時，不妨先停下來，問問自己，由誰來發問效果會更好。

提問小祕訣

當你自己不適合出面去詢問，或是請他人幫忙詢問的效果會更好時，千萬不要猶豫，盡快找最合適的人去幫忙問吧。這樣可以提高詢問的效果，也可以快速的解決難題。畢竟搞定一個能夠幫助你的熟人，比直接搞定一個陌生人要簡單、容易。

06 「假如你是我，你會怎麼辦？」

把問題丟回給對方，讓對方替自己想辦法，就會很快的解決問題。

在生活和工作中，許多人都會遇到各式各樣的難題，由於缺乏他人的理解與支援，經常被客戶抱怨、被主管批評、被家人指責，卻又不知如何去協商。其實，解決這類問題並不難，只需要讓對方「設身處地」的設想一下我們的處境和心情。

這種「設身處地」的為對方著想在心理學上被稱為「角色效應」。角色效應是在現實生活中，人們以不同的社會角色參加活動，引起的心理或行為上的變化。

具體來說，如果你給某個人一個角色，假設那個人是長官、士兵、教授或學生，這個人就會在假設自己是這個角色的過程中逐步適應這個角色，按想像中的這個角色的思維方式去工作、生活，甚至舉手投足都有這個角色的味道。讓我們一起來看下面案例中的提問者是如何利用「角色效應」提問的。

郭寧長期為石頭文化公司做書籍的版面設計。而石頭文化公司的負責人是個完美主義者，常會在看完設計圖之後，要設計師反覆修改，直到他滿意為止。

有一次，郭寧為公司設計了一套圖書封面。他很用心，作品完成後，自己也很滿意，辦公室的同事也認為他的設計很有創意。可是，負責人看了封面之後，並不十分滿意，認為有些地方還是不夠完美。他請郭寧再仔細想想，再多改改。

為此，郭寧很苦惱，因為他實在想不出更好的創意。無可奈何之下，郭寧打電話給負責人，向對方請教：「實在對不起，我一時還真想不出更好的方案。請問，假設你是我，你會怎麼做？」

對方遲疑了一陣子，回答：「讓我想想。如果有新的想法，我再告訴你。」

結果，這位負責人接受了原先的封面設計。因為當他自己去設計時，他也想不出更好的創意。

案例中的郭寧面對苛求完美的客戶，只是詢問了對方：「假如你是我，你會怎麼做？」就輕鬆的讓客戶理解他，從而解決了郭寧的難題。可見，在遇到難題時，不妨把問題丟回給對方，讓對方替自己想辦法，就會很快的解決問題。

又如，一位公司員工遇到了這樣的難題：

公司的合作夥伴打了幾次電話要找美華的老闆，她立即把這件事告訴了老闆。但後來合作夥伴又打電話過來，埋怨她沒有及時轉達，原來是老闆沒能及時給這位合作夥伴回電話。為此，這位員工很發愁。如果對老闆說：「你不回電話，〇〇先生很生氣！」老闆肯定會不高興，說不定還會怪罪她。於是，她改口向老闆請教，說：「我遇到一些麻煩，需要你的幫忙。〇〇先生已經打來三次電話，他對我很不滿，因為他沒有接到你的回電。下次他再打電話來時，你覺得我怎麼答覆他比較好？」老闆一下子便明白了她的難處，立刻回電。

因此，在生活或工作中遇到難題時，可以委婉的問別人：「假如你是我，你會怎麼做？」或者「你覺得我該怎麼做比較好？」那麼，難題就會迅速得到解決。

提問小祕訣

「假如你是我，你會怎麼做？」這一提問句，是一種令對方快速轉換角色最簡單、最有效的方法。

第五章

禁忌問題，能避則避

01 什麼都可以裝，就是別裝熟

對於別人的隱私，要做到不好奇、不窺探，如：「你幾歲？」「你怎麼還不結婚？」

隱私是個人的、隱蔽的、不公開的祕密。每個人都有隱私，一般情況下，人們都不願意提自己的隱私。因此，切忌詢問別人的隱私，**即使你在與他人交談的時候，已經無話可說，也不要拿朋友的隱私當話題**，要謹記言之有忌的原則，寧可沉默相對，也不要問對方的隱私。比如「你幾歲？」「你一個月賺多少錢？」「你是不是在外面有兼差？」「你為什麼還不結婚？」「妳交過幾個男朋友？」

人到了該結婚的年齡而不結婚，似乎變成了「眾矢之的」，經常有人關心，甚至「嚴重關心」。遇到認識的人時，經常會被問：「你怎麼還不結婚？」「什麼時候請喝喜酒啊？」不結婚，實在是個人的問題。但別人表現出「極度關心」的樣子，甚至有的人還偷偷打聽「他長得也不錯，怎麼還不結婚？是不是有什麼問題，有什麼毛病？」這種會傷及他人的自尊的問題，往往會被毫不客氣的駁斥回來。

女人的年齡也是隱私，切忌詢問。在西方，詢問女性的年齡被視為不尊重女性、不懂得禮貌的表現，因為青春永駐是每個女人的夢想。

張凱是一個優秀的大齡剩男，雖然工作很好，收入也頗高，人長得也不錯，但是由於自視甚高，故一直沒找到合心意的女朋友。張凱的母親很著急，逼他去參加一場又一場的相親。張凱本來對相親絲毫沒有興趣，根本沒想到自己居然會對一個相親對象一見鍾情。

那個女孩溫柔恬靜、長髮飄逸、輕聲細語、笑容美麗。張凱一下子就被這個女孩吸引住了。為了能夠引起女孩的注意，張凱不停的問她問題。女孩對他的第一印象似乎也不錯，微笑著對他說：「真看不出來，你就是媒人口中的大齡剩男，可是你明明看起來很年輕啊！」

張凱心花怒放，不好意思的說：「我都三十多歲了，妳呢？媒人說妳也不小了，妳多大了啊？」

聽了他的問題，女孩不自然的笑了笑，尷尬的說：「直接問女孩子的年齡是很不禮貌的哦！」

張凱卻不以為意，還一直追問：「沒關係啊，我們以後就是朋友了啊，老實說，妳看起來很年輕，應該不到三十歲吧？」

女孩臉上紅一塊、白一塊，其實在她的心裡，年齡問題一直是她的心頭痛。張凱還是不解風情的繼續問：「媒人只說妳是個小學老師，我從來沒有接觸過當老師的人，這行的薪資待遇怎樣？」

女孩語帶諷刺的說：「聽說你是做ＩＴ的？當然沒有你賺得多了。」

張凱一直自以為是的問一些蠢問題想拉關係，卻沒想到，他第一個問題問出口的時候，女孩在心裡就已經將他否決掉了。之後無論張凱怎麼活絡氣氛，都無法打動女孩的心。最後這次相親就在尷尬中結束了。

每個人的內心深處都有一種本能的維護自己內心祕密的情緒，遇到別人不得體的詢問，就會自然產生叛逆心理。這就造成一種局面：有時提問者尚不經意，被問者常常不由心生厭煩，厭煩這種交際方法，甚至厭煩這個問話的人（儘管此人並不壞）。如果又遇到那種事事在意，處處留神的「查戶口專家」，被問者的厭煩之情會更加強烈。

某部門來了一位新同事，大家都稱她為「小童」，小童很隨和，看到誰都笑容滿面，不過就是有點自來熟（按：比喻即使是第一次見面，但是感覺像是老朋友一樣），而且喜歡刨根問底的追問別人的隱私。

比如，她看到一位單身的女同事打扮得稍微漂亮點，就追著人家問是不是要去見男朋友或是相親；看到一位同事升職，就多方打聽，想要知道人家是不是有什麼背景；看到女同事跟老闆的關係走得近，就猜測兩人的關係非比尋常，並到處打聽小道消息。

有一次，同事小冉請了半個月的假，小童像是發現了重大新聞一樣，追著小冉問：「妳請這麼長的假做啥？」

小冉猶豫了一會兒，說：「家裡有點事。」

小童又問：「出什麼事了？請這麼久啊。」

小冉沒有說話。可是小童的老毛病又犯了，追著小冉問不停，這時一位同事趕緊拉著小童的手，示意她住嘴，但是小童並未理會。

突然小冉對著小童大喝：「我請假關妳屁事！」然後甩頭就走了。

後來才知道，原來小冉的爸爸因為心臟病突發病逝了。聽到這個消息之後，小童終於閉了嘴，但是從此以後，大家都躲著她，以致她工作十分不順，最後受不了壓力辭職了。

每個人的內心深處都有自己的祕密，而且這些祕密大都是他們不願提及的痛楚。如果你刻意去窺探他們的祕密，一定會引起他們的反感。所以，對於別人的祕密，首先要做到不好奇、不窺探。

因此，在打算問對方某個問題時，你最好先在腦中想過一遍，看看這個問題是否會涉及對方的個人隱私，如果涉及了，就要盡可能的避免，這樣對方不僅會樂意接受你，還會因你在交談中得體的問話與輕鬆的交談，而對你產生好印象，為繼續交往打下良好的基礎。

無事不問會使自己變得淺薄庸俗，試想：一個喋喋不休好探問別人私事的人，怎麼可能獲得真正的朋友？

提問小祕訣

在日常交際中，應該避免問及女性的年齡、工作情況及經濟收入、家庭事務及存款、夫妻感情、身體情況、不願意公開的工作計畫等隱私話題。

02 把面子留給別人，更不能人身攻擊

不要輕易批評他人、傷害他人，如：「你怎麼那麼不認真，你是笨蛋嗎？」

古代曾有一個「無顏見江東父老」的故事：

項羽征戰到了烏江邊，陷入四面受敵、孤立無援的境地。據說項羽原本是可以不死的，因為當他來到烏江邊時，有一條船在那裡等他。駕船的烏江亭長是一位崇拜項羽的人，因此早早等在那裡，一心要救項羽過江。

他對項羽說，現在整個烏江之上，只有臣這一艘小船，請大王立即上船，漢軍無論如何追不過江的。江東雖小，但地方千里，有數十萬人，大王完全可以在那裡再成就霸業。

不過，項羽卻謝絕了亭長的好意，寧可站著去死，也不願意跪下求生。他認為自己潰不成軍、落荒而逃、慘敗而歸，即使僥倖逃生也會讓江東父老瞧不起，所以最終自刎而死。

這個歷史故事告訴我們，一定要謹慎對待別人的面子。面子與人的自尊掛鉤，人們可以忍受各種磨難，但唯獨忍受不了別人不給面子。

就如一句俗語說的：「人活一張臉，樹活一張皮。」要學會為別人留面子，是人際交往中的一條基本原則。那些世事洞明的人都是善於給人留面子的，他們都非常在意保全對方的面子，不會輕易批評他人、傷害他人。

方國平和妻子是奉子成婚，結婚五個月後，他們的孩子就出生了。朋友們都前來祝賀。方國平的朋友張曉也來祝賀，並帶來了禮物——一輛兒童腳踏車。

方國平笑著說：「孩子剛出生就送腳踏車，是不是早了點？」

張曉開玩笑說：「不早、不早，別人家的孩子都是懷胎十月才出生，你家孩子五個月就出來，照這速度，幾個月後不就能騎腳踏車了？」

張曉的話剛說完，所有在場的人都聽出來，知道他這是在暗示這對夫妻太性急，未婚生子，於是眾人大笑起來。但方國平夫妻兩人臉色沉下來，一句話也說不出來。不久後，方國平斷絕了和張曉的朋友關係。

案例中的張曉故作聰明，認為自己的一番調侃很幽默，卻直指對方的隱私，大大傷害了方國平夫妻倆的顏面，讓他們下不了臺。

在公眾場合，說話者一定要知道什麼該說，什麼不該說，要經過大腦認真思考，在充分了解對方的基礎上再說話。否則，你問了讓對方下不了臺的問題，或者說了不該說的話，都會讓對方感到沒面子，最後與你斷絕關係，嚴重影響你的人際關係。

在工作中，你看到部屬在工作中出現失誤，雖然對工作影響不大，但你還是很生氣的說：「怎麼那麼不認真，你是笨蛋嗎？」部屬聽到後會是什麼反應？不同的人可能反應會有所不同，但不管什麼人，在他們的心裡都會產生抗拒，甚至以後工作會變得不積極。原因是你傷害到了對方的自尊心。

這種話完全可以用另一種委婉的話來代替，比如，「你其他方面做得很好，這個地方再做好點就更好了，不是嗎？」

那麼，如何才能避免在提問中傷害他人呢？

▣ 要換位思考。

提問時，要把自己當作對方來提問。如果自己感覺問題很尖銳，就趕快考慮其他問題。另外，你還要收集有關對方的資訊，充分了解對方，才能懂得什麼問題該問，什麼問題不該問。

▣ 擺脫慣性思維，多個角度看問題。

很多人提出傷害他人的問題後，之所以會感到很後悔，是因為慣性思維在作祟。這種不好的思維導致人們思考問題時會遵循以前的思路，這樣會造成思考時的盲點，這個盲點通常會反應在你提的問題上。所以，我們要學會從多個角度思考問題，然後分析，這樣才能避免因提問不當而帶來的傷害。

■ 端正態度。

要真誠的提出每一個問題，並且客觀的對待每一個人，這樣才能避免提出有傷害性的問題。

提問小祕訣

提問不是人身攻擊，給別人面子，別人也會給你面子。任何人都沒有權利去傷害對方，哪怕只是言語上的傷害。這是很不道德的行為，因而提問時不要提那些讓別人下不了臺、難堪的問題。

03 見人說人話，是一門學問

多問對方知道的事，就像一個好老師，不會問學生無法回答的問題一樣。

我們常說：「見什麼人說什麼話，到什麼山唱什麼歌。」提問也是如此，提問時要考慮到對方的立場、身分及教育程度等因素，從對方的角度思考，提出問題。否則，你們的交談就會陷入尷尬的狀態。大多數時候，提問是為了獲取資訊，如果你不確定對方能夠回答你的問題，那麼還是不要問比較好。如下案例（A是一位國中導師）：

情景一：

B：「請問，你知道去年本市的癌症病例有多少嗎？」

A：「不知道。」

情景二：

C：「請問，你知道去年本市一中的錄取分數是多少嗎？」

A：「五百三十五分。」

問一個別人不知道的問題，對方回答不出來，不但覺得沒面子，而且會讓提問的人覺得很無趣。在交談中，當一方說「我不知道」、「我不清楚」時，談話是最容易被打斷的。因為提問者不得不立即換一個話題，而如果換的話題不好，對方聊不起來，談話就可能陷入僵局。因此，提問高手懂得**問對方知道的事情，問對方熟悉的事情**。

舉個簡單的例子，如果我們想結識一位醫生，可以多提一些對方熟悉的問題，比如，「最近感冒的人好像挺多的，你們很忙吧？」這個問題與當下的熱門話題有關，又與醫生的工作有關，很可能是醫生最願意談論的話題。

接著，你可以問：「在這個流感季節，要怎麼預防感冒？」那麼，作為醫生，他可能會給你一些切實可行的建議。這樣一來一往，你就可以與對方聊下去，從流感到個人衛生、從個人衛生到環境衛生，再到跑步和健身……只要他願意，你們就可以一直說下去。

真正懂得提問的人，是不會問對方不知道的問題的，就如一個好老師，永遠不會問學生無法回答的問題一樣。那麼，該如何避免提問對方不知道的問題呢？

▣ **看對象。**

不同的人對相同的問題會有不同的反應，甚至產生截然相反的效果。

■看對方的年齡。

對年齡較大的人，提問方向可以偏向保守、健康等方面的內容；如果對年齡偏小的人也提同樣的問題，就顯得你沒有活力，與對方不能形成共同話題。

■看對方的性別。

男性和女性對語言情境的承受壓力不同，因而提問也應有所不同。和女性溝通要比和男性溝通複雜得多，在向女性提問時要注意一些禁忌的問題，比如，年齡、體重以及其他女孩的漂亮程度等。

■看對方的教育程度。

面對不同教育程度的人，提問時應該有所區別。如果提問者向一個電腦專業人士詢問法律方面的問題，那麼他就會答不出來；向學法律專業的人問電腦方面的問題，學法律專業的人也答不出來。

明代有這樣一個笑話：

有一個窮秀才上街買柴。只見他對著賣柴人，文縐縐的說：「荷薪者過來！」（「荷薪」是「挑柴」的意思）賣柴的是個大老粗，他哪聽得懂「荷薪者」三個字是什麼意思。但是，他聽懂了「過來」兩個字，於是，就挑著他的柴來到秀才面前。

看著賣柴人朝自己走來，秀才又咬文嚼字的問：「其價如何？」這次又難倒了賣柴人，只見他摸了摸頭，也不知道這位秀才說的是什麼意思。但是，跟剛才一樣，這位賣柴人也只聽懂了個「價」字，於是就一五一十的告訴秀才他的柴到底賣多少錢。

接著秀才又說：「外實而內虛，煙多而焰少，請損之。」（意思為你的柴外面是乾的，裡面卻是濕的，這樣的柴燒起來，肯定是煙多而火焰小，請減些價錢。）

這一次，賣柴人徹底沒轍了，剛才一句話還能聽得懂幾個字。可是，現在秀才一張口，一口氣說了這麼多，他可是一個字都聽不懂啊。於是，這位賣柴人挑著柴就走遠了，任憑秀才在後面怎麼喊，都不再回頭。

秀才只依照自己的表達習慣，根本沒有考慮到對方是否聽得懂，以致賣柴人不知其所云，最終未能成交。

提問小祕訣

生活中有各種人，每個人的心理特點、個性、語言習慣也各不相同，因此，就決定了他們對語言資訊的要求是不同的。所以，不能用統一的提問方式來交流。

04 嘴上留情，腳下才有路

懂得尊重別人感受的人，才會受到別人的尊重。

俗話說：「尺有所短，寸有所長。」每個人都有自己的優點和缺點，在與人交談的過程中，應盡量避免戳別人的傷疤、痛處。比如，對方身體有殘疾，或有牢獄的經歷等，這對他們本身來說是不可磨滅的記憶，這時你再問對方相關的問題，只會增加他們的心理負擔，讓他們更加痛苦和難堪。

每個人心裡都有不可觸碰的傷疤，都有不願他人提及的話題。那些喜歡揭開別人傷疤的人，既可悲又可恨。可悲的是，他的一生中不會有真正的好朋友；可恨的是，揭別人的傷疤會讓人想起一段不快樂的回憶，等於是在對方的傷口上撒鹽。

王濤的一份企劃案被主管退回了，被退回的原因並不是企劃案不優秀，而是因為這份企劃案和競爭對手的企劃案很相似。也許是英雄所見略同，也許是王濤模仿了競爭對手的企劃案，總之，這份企劃案被退回了。主管還在大家面前批評王濤，警告大家以後一定要有創新思想。

公司中，同事們都在忙著自己的工作，而笑笑正在為手頭沒做完的企劃案發愁，她向王濤請教：「王濤，你上次那份企劃案的創意是怎麼想出來的？」笑笑的話還沒說完，王濤就生氣的大聲打斷她：「妳給我閉嘴！妳故意的吧？」一時，大家都覺得很尷尬。

從案例中可以看出，笑笑是一個不懂得人際溝通的人。王濤的企劃案被退了，並且還受到了主管的批評，心裡自然不好受，笑笑卻在此時提到此事，相信王濤以後肯定不願意再理她了。

溝通高手從來不去說那種「哪壺不開提哪壺」的蠢話，因為他們懂得尊重別人的感受，而說話時**懂得尊重別人的感受的人，才會受到別人的尊重**。

小李在任職之前，有過一段牢獄生活，這是小李心裡的傷口，同事都知道這一點，因而大家從不談論有關監獄、犯罪的話題。有一次，公司舉辦看電影的活動，電影裡的主角和小李很相似，結果一個同事突然問：「這個故事是根據你的事改編的嗎？」小李的臉色瞬間垮下來，從此再也不和這個同事說話了。

「人非聖賢，孰能無過。」有些人有不願意提及的隱私和痛處，我們要盡量避開它，以免傷人，給自己的人際關係帶來麻煩。另外，對於一些他人不願讓別人知道的事情，也不要一個勁的去問，即使你已經知道了，也要裝作不知道的樣子。千萬不可以當著眾人的面，談論關於他人的一些缺點或毛病。

揭短有時是故意的，是敵視的雙方用來互相攻擊的武器；有時又是無意的，因為不小心而犯了對方的忌諱。有心也好，無意也罷，在待人處事中揭人之短都會傷害對方的自尊，影響雙方的感情，導致友誼的破裂。

常言道：「金無足赤，人無完人。」在與人交談時，面對別人忌諱的話題，要講究語言技巧，盡量把話說得委婉、含蓄些，不可以說出刺激對方的話。無論對別人有多麼不滿，也不要揭別人的傷疤。只有避開別人的痛處，才會讓你在人際交往中更輕鬆、更愉快。

提問小祕訣

或許你真的不太懂得溝通，不知道什麼場合說什麼話，那也沒有關係，你只需要露出真誠的微笑就可以了，真誠的微笑永遠不會出錯。

05 不詢問、不打聽、更不要好奇

閒談是考驗一個人品德高尚與否的重要標準之一。

閒談是一件很輕鬆的事情，是提高生活情趣的一種方式；它可以密切人際關係、豐富人的頭腦、增長人的見識。然而，在生活中，總有一些人喜歡談論別人的是非。愛談論別人是非的人，是不受歡迎的人。

俗話說：「誰人背後無人說，誰人背後不說人。」這句話雖然說得有些絕對，卻也說明了一個道理，就是大多數人都多多少少的在背後議論別人，只是所說的是好話還是壞話就不知道了。

愛向他人打聽是非、打聽八卦，這樣的你在別人眼裡一定是個「八婆」形象。如果你想要和朋友相處融洽，你就要做到不去打聽別人的是非和八卦，也不要參與這樣的談話。面對別人的是非和八卦，如果能做到不詢問、不打聽、不傳播，就會得到別人的尊敬；相反的，如果總是喜歡打聽、詢問別人的是非、八卦，那麼就會得不到別人的尊敬。

姜欣欣與李媛媛是一對好朋友。有一天，她們應邀參加另一個朋友的生日聚會。在宴會大廳裡，姜欣欣遇到了一個小學同學，於是熱情的上前打招呼，兩人很快就聊了起來。

在談話過程中，同學提到了李媛媛，說：「我和李媛媛也是同學，妳覺得她這個人怎麼樣？聽說她和她男朋友分手了？我覺得她那個人實在不怎樣，會分手也是正常，像她那麼自私的人，誰會與她交朋友！」

聽到這裡，姜欣欣說：「你怎麼能這樣？怎麼能在別人背後議論別人？這樣是不禮貌的，更何況李媛媛並非像你所說的那樣，她為人很正直，我們已是多年的好朋友了。」她的那位同學自覺沒趣，獨自走開了。

從案例中可以看出，姜欣欣的這位小學同學是個喜歡閒談別人是非的人，這樣的「閒談」可以看出一個人的品德是否高尚。一個人如果在閒談中總是捕風捉影、搬弄是非，說明這個人的品德不高尚。

品德不高尚的人是不受人歡迎的，所以，與人相處時，不要隨便議論別人、說別人的壞話，否則只會損害自己的形象，破壞自己的人際關係。

想要成為一個受歡迎的人，就不要在別人背後說壞話，而是要多說別人的好話，所謂「病從口入，禍從口出」，就是這個道理。與人閒談時，一定要注意自己的言行，不詢問、不打聽別人的是非。

為了不使閒談產生壞的影響，我們要注意以下幾個方面：

▣ 管好自己的嘴巴，不問別人忌諱的話題。

要知道，每個人都有忌諱的話題或痛處，這時，我們要盡量避免去問這些問題。不了解情況時，最好不要問，只要保持微笑就行。因為保持微笑是最安全的方式。

▣ 穩定情緒，避免出口傷人。

有的人情緒易怒，容易在說話的過程中被激怒，從而失去理智，說出一些別人不能接受的話，等到風平浪靜後，回想起自己說過的話，又覺得非常後悔。因此，當情緒激動時，你要盡量穩定自己的情緒，暗自提醒自己千萬不要說會刺傷別人的話。

▣ 不要嘲笑對方失態的地方。

在閒談中，對方的言談舉止難免會有失態的地方，這時，我們要表現出君子的風度，不要嘲笑對方，而應採取適當的方式去提醒對方，給對方留面子。這樣，你才能成為一個受人尊重的人。相反的，你嘲笑別人，別人也會嘲笑你。

▣ 要注意察言觀色。

提出問題後，若對方避而不答或轉移話題，就要盡快換個對方感興趣的話題。

場景練習：

假如你的同事A從老闆的辦公室傷心的走出來，而另一個同事B趕緊湊過來對你說：「她又被老闆罵了？她平時總是出錯……」說了一堆不好聽的話。在當下你會怎麼做？

提問小祕訣

閒談是考驗一個人品德高尚與否的重要標準之一。

Part II

如何說，別人想聽

第六章

懂得開玩笑，才有真智慧

01 懂得自嘲，別人就無法嘲笑你

能自嘲的必須是智者中的智者，高手中的高手。

自嘲，就是拿自身的失誤、不足甚至生理缺陷來尋開心，對醜處、羞處不予遮掩、躲避，反而將它放大、誇張，然後巧妙的引申發揮、自圓其說，博得他人一笑，從而化解尷尬或者博得大家的喜愛。

自嘲是一種高級的幽默技法，更是一種胸懷寬廣的體現。一個能夠自嘲的人必須具有非常廣闊的胸懷，一種超然物外的豁達、一種不甘平庸的境界。

傳說，希臘哲學家蘇格拉底（Socrates）的妻子是個潑婦，常對他發脾氣，而蘇格拉底總是對旁人自嘲道：「討這樣的老婆好處很多，可以鍛鍊我的忍耐力，加深我的修養。」

有一次，老婆又發起脾氣來，大吵大鬧，很長時間還不肯甘休，蘇格拉底只好離開家。他剛走出家門，那位怒氣難平的夫人突然從樓上倒下一大盆水，把他淋成落湯雞。這時，蘇格拉底打了個寒戰，不慌不忙的說：「我早就知道，響雷過後必有大雨，果然不出我所料。」

顯然，蘇格拉底有些無可奈何，但他帶有自嘲意味的譏諷，使他從這一窘境中超脫出來，顯示出自己極深的修養。我們熟知的大牌主持人，都是善於自嘲的幽默之士。作為精英，他們在面對各種問題時，經常用自嘲為自己化解尷尬，不僅展現了自己的大氣，還獲得了觀眾的尊敬。

主持人白岩松一百八十公分左右的個子，保持著十幾年不變的髮型，鬍子刮得乾乾淨淨，鼻梁上架著一副黑框眼鏡，一身藍色深條紋的西裝，顯得是那麼嚴肅和沉著。常有人拿白岩松的臉部表情做文章，說他總是「憂國憂民」，一臉的嚴肅，並說只要白岩松一出來，壞了，肯定出大事了。

白岩松在《東方時空》節目剛露面時，有一名觀眾寄了一張明信片給白岩松，上面這樣寫道：「每天早上都看見你那張哭喪的臉，之後弄得我一整天心情都不好。」這把白岩松驚得渾身冒汗，於是他開始在電視上嘗試以嬉皮笑臉去為自己改頭換面，而且還在心裡自我安慰：笑口常開這還能有多難？然而一段時間後白岩松就放棄了。

在接受《實話實說》節目主持人「拷問」時，自稱「現在還談不上成功」的白岩松謙虛的對自己進行了總體評價，他自嘲道：「我能走到今天，如果說贏得了別人的掌聲，那完全是因為我的幸運。好比在一大片荒地裡，大家看到一株植物，哪怕長得歪七扭八，也會給它掌聲，其實這個世界上還有更多的植物、更美的鮮花，只不過這株歪七扭八的植物先被大家看到。我就是這歪七扭八的植物，我是幸運的，坐上了中國電視新聞改革的頭班車。過去像我、崔永元這樣長相的，想當電視節目主持人，根本是不可能的事情。」

白岩松謙虛的評價自己是「歪七扭八的植物」，語言既幽默，又表達了對自己的更高要求，令人佩服。

幽默一直被人們稱為只有聰明人才能駕馭的語言藝術，而自嘲又被稱為幽默的最高境界。由此可見，能自嘲的必須是智者中的智者、高手中的高手。

提問小祕訣

自嘲可以用來應付來自別人的嘲諷，如果自己先嘲諷一下自己，說不定還能博點同情，比如，聽到來自別人的安慰；可以讓你混個好人緣，不吝惜說出自己不足的人，顯得率真、大氣，讓人覺得好親近。

02 比喻要生動，兩個對象都重要

幽默是具有智慧、教養和道德的優越感表現。

比喻就是打比方，就是根據聯想，抓住不同事物的相似之處，用淺顯、具體、生動的事物來代替抽象、難理解的事物。

精妙的比喻往往能更貼切的表達感情和觀點，讓話語妙趣橫生，充分調動聽者的想像力，起到不同凡響的幽默效果。

以下是《紅樓夢》中的一個小片段：

只見一個媳婦端了一個盒子站在當地，一個丫鬟上來揭去盒蓋，裡面盛著兩碗菜。李紈端了一碗放在賈母桌上，鳳姐偏揀了一碗鴿子蛋放在劉姥姥桌上。賈母這邊說聲「請」，劉姥姥便站起身來，高聲說：「老劉、老劉，食量大如牛，吃個老母豬，不抬頭！」說完，卻鼓著腮幫子，兩眼直視，一聲不語。眾人先是發楞，後來一想，上上下下都一齊哈哈大笑起來。

湘雲撐不住，一口茶都噴出來。黛玉笑岔了氣，伏著桌子只叫：「噯喲！」寶玉滾到賈母懷裡，賈母笑得摟著叫「心肝」，王夫人笑得用手指著鳳姐，卻說不出話來。薛姨媽也撐不住，口裡的茶噴了探春一裙子。探春的茶碗都合在迎春身上。惜春離了座位，拉著她的奶母，叫：「揉揉腸子。」地下無一個不彎腰屈背，也有躲出去笑去的，也有忍著笑上來替他姊妹換衣裳的。

上面片段寫的是劉姥姥吃鴿子蛋前所說俗語惹得眾人大笑的場面。我們可以看出，精妙的比喻為幽默增添了很大的神奇威力。

德國大詩人歌德的鄰居有一天問歌德：「你說過書是精神食糧，但是最近一段時間你為什麼很少看書？難道你不需要食糧了？」

「你不知道吧？蠶一定要多吃桑葉才會長大，可是當它開始吐絲結繭時是一點也不吃的。」歌德回答道。

作家錢鍾書先生是個「甘於寂寞的人」，他不願被人炒作，也不願拋頭露面，一心只想做學問。有一天，一位讀者打電話來，說喜歡《圍城》，想見見他。錢鍾書婉言謝絕，但那位女士十分執著。最後錢鍾書實在沒有辦法了，便以其特有的幽默語言對她說：「假如妳吃了一個雞蛋覺得不錯，妳認為有必要去認識那隻下蛋的母雞？」

歌德、錢鍾書都用了巧妙的比喻幽默的回答了對方的問題。在錢鍾書先生的比喻中，本體和喻體之間沒有半點形似之處，比喻卻新穎、別緻、貼切、幽默。其根本原因是錢鍾書先生抓住了雙方的神韻，其深刻的藝術程度，簡直達到了叫人只可意會，不可言傳的地步。

恩格斯（Friedrich Engels）說過：「幽默是具有智慧、教養和道德的優越感表現。」幽默能表事理於理智，寓深刻於輕鬆，給身邊的人以歡笑和愉悅。

學士石曼卿好酒善詩，談吐幽默。有一次，出遊報寧寺，因為馬夫疏忽，馬受驚躍起，石學士被摔下馬來，隨從慌忙將他扶起。許多看熱鬧的人以為他一定會大罵馬夫的，不料他只是指了指馬夫說：「虧得我是石學士，要是瓦學士，還不得摔得粉碎？」

這樣的幽默比喻，既顯示了石曼卿是一個大度之人，同時也不失他的面子。總之，運用精妙的幽默比喻，比那些生硬、枯燥的理論表述要生動具體，更能使別人印象深刻，更容易明白一些深刻的道理，極具說服力。

人生在世豈能盡如人意，我們要以幽默樂觀的心態，始終秉持「笑看天下古今愁，了卻人間許多事」的態度，以一個個精妙的比喻去笑著應對風雨，迎接陽光。

提問小祕訣

構成比喻必須具備兩個要點，符合兩個基本要求。兩個要點是：所要描繪的對象（本體）和用來對比的事物（喻體）。兩個基本要求是：第一，本體和喻體應該有質的差異，為不同類別的事物；第二，本體和喻體之間又必須具有某種相似之處。符合這樣的條件，比喻就會形象生動，但是比喻要幽默，表達要喜劇化，除了這些基本條件外，還必須給比喻加些特殊的「佐料」。

03 誇張是好的幽默，但別吹牛

運用誇張手法時，必須以客觀實際為基礎，絕不能無中生有，信口開河，把事物過分誇大或縮小。

誇張是為了表達強烈的思想感情，突出某種事物的本質特徵。運用豐富的想像力，在客觀現實的基礎上有目的的放大或縮小事物的形象特徵，以增強表達效果的修辭手法，也叫誇飾或鋪張。在幽默的手法裡，它是最常用的。

誇張式幽默是將事實進行無限制的誇張，進而營造出一種極不協調的喜劇效果。大家所熟悉的卓別林，他那身行頭、手杖、衣服、特大皮鞋，還有那外八字腿彆彆扭扭的走路動作，都是誇張營造出的幽默。

央視春晚，趙本山（按：暱稱本山大叔）與宋丹丹（飾演白雲）、崔永元（小崔）合作演的小品《小崔說事兒》，其中有這麼一段：

白雲：「你說就他吧，就好給人出去唱歌，你說就這嗓子能唱嗎？那天呢，就上俺們那兒敬老院給人唱歌，底下總共坐著七個老頭，他啊的一嗓子喊出來，昏了六個人。」

小崔：「那不還有一個嘛。」

白雲：「還有一個是院長，拉著我的手就不鬆開，那傢伙可勁的搖啊，『大姊啊，大哥這一嗓子太突然了，受不了哇，快讓大哥回家吧，人家唱歌要錢，他唱歌要命啊！』」

本山大叔唱歌再嚇人，也不至於七個大爺昏倒六個吧。宋丹丹用誇張的語調告訴小崔，本山大叔對唱歌不在行。

在與人交流的過程中，用誇張的說話方式給予巧妙暗示，極易產生特殊的幽默效果，既不傷害雙方的和氣，又能表明自己的看法和意圖。另外，誇張製造出來的幽默常會帶有一定的諷刺意味。

馬克．吐溫（Mark Twain）是美國的幽默大師、小說家、演說家，還是著名的幽默諷刺作家，他的幽默諷刺風格別具特色。

美國有一位百萬富翁，他的左眼瞎了，花好多錢請人裝了一眼假的，這個義眼在乍看之下，誰也不會認為是假的。於是，這百萬富翁十分得意，常常在人們面前誇耀自己。

有一次，他碰到馬克·吐溫，就問：「你猜得出來嗎？我哪一個眼睛是假的？」馬克·吐溫指著他的左眼說：「這個是假的。」富翁問：「為什麼？」馬克·吐溫說：「因為你這個眼睛裡還有一點點慈悲。」

馬克·吐溫巧妙的諷刺了這位富翁很冷酷，沒有一點慈悲心。

還有一次馬克·吐溫搭火車去一所大學講課，因為時間緊迫，他十分著急，但火車開得很慢。這時，來了一位驗票員，問他：「先生，你有票嗎？」馬克·吐溫遞給他一張兒童票。驗票員仔細的打量他之後說：「真有意思，我看不出來你還是一個孩子哩！」

馬克·吐溫回答：「現在我已經不是孩子了，不過，在我買車票的時候還是個孩子。」

馬克·吐溫沒有將自己的不滿向驗票員抱怨，而是巧妙的對火車的緩慢速度做出了無限制的誇張，在相對輕鬆的氛圍裡委婉的提出了自己的抗議。

在我們日常的交流中，誇張手法可以靈活的運用在比較隨意的場合，以活躍氣氛，增加談話的趣味。但在運用誇張手法時，我們必須**以客觀實際為基礎**，在不失真實感的前提下進行誇大或縮小，絕不能無中生有，信口開河，把事物過分誇大或縮小。

提問小祕訣

誇張不同於吹牛，吹牛不過是簡單的吹噓自己的能力，而誇張則可以擴大或縮小客觀事物，但仍舊使人感到真實性和合理性，造成一種幽默的效果。

04 刻意曲解原意，喜劇效果最強

想要讓自己講話詼趣，除了對字面意思的曲解，還可以利用文字發音相似性開玩笑。

曲解經典式幽默，是指利用眾所周知的古代或現代經典文章、詞句做原型，對其做出歪曲的、荒謬的解釋，新舊詞義、語義之間的差距越大，越顯得滑稽詼諧。

唐代的《啟顏錄》中，記載了北齊高祖手下有一個幽默大師叫石動筩，他很善於用歪曲經典式幽默跟別人智鬥。

有一次，石動筩到國子監去參觀，一些經學博士正在論辯，正說到孔子門徒中有七十二人能夠在仕途上伸展自己的抱負。石動筩插嘴問：「七十二人中，有幾個是戴帽子的、有幾個是不戴帽子的？」博士回道：「經書上沒有記載。」

石動筩說：「《論語》上說『冠者五六人』，五六三十也；『童子六七人』，六七四十二也，加起來不就是七十二人嗎？」

在《論語》中有這樣一篇：孔夫子曾經跟曾子等人談論自己的志向和理想，他說如果自己能帶著五、六個青年和六、七個少年，自由的在河邊田野的風中漫遊，就算是如願了。可是石動筩在這裡單獨拿出約數「五到六人」和「六到七人」，故意曲解成五六和六七相乘以後，又跟孔子門徒賢者七十二人附會起來，就變得很不和諧，並產生出詼諧的意趣。

也曾有人故意曲解《禮記・曲禮》中「臨財毋苟得，臨難毋苟免」的意思：

某人生前作孽，死後下地獄，閻王罰他來生變狗。問他：「你願變公狗還是母狗？」某人回答：「願變母狗。」閻王問：「為什麼？」某人回答：「《禮記》說得明白，面臨災難，母狗可以免災。面臨錢財，母狗可以得利。所以我願意變母狗。」

這位下地獄者，把「毋」看成「母」了，「母」字當中是上下兩點，「毋」字當中是一個撇出頭。他竟然連筆畫也弄錯了。「苟」與「狗」，字形差別明顯，讀音卻相同。於是「毋苟」便成了「母狗」。這個人把《禮記》中嚴肅的人生道德原則，曲解為死後還唯利是圖的小人心態。

「一諾千金」出自司馬遷的《史記》，說的是秦漢之際，跟劉邦一起打天下的武將季布，只要他答應的事情，多少金錢也無法改變。而下面的笑話就故意歪曲的解釋了這個典故：

有一個姑娘問小夥子：「『一諾千金』怎麼解釋？」

小夥子說：「『千金』者，小姐也；『一諾』者，答應也。」（意思是「小姐啊，你就答應了吧」。）

小夥子透過詞義的曲解，把歷史英雄的典故變成了眼前求愛的語言媒介，兩者之間距離有多遙遠，其產生的滑稽效果就有多大。

總之，如果想要讓自己講話諧趣，最好從不甚切合的遠處著眼，以遠取譬為佳。

提問小祕訣

曲解經典是導致荒謬的辦法之一，是喜劇性效果比較強的一種幽默技巧。

05 偷換概念，偷梁換柱式幽默

偷梁換柱是一種情感思維方法，偷換得越隱蔽，概念的內涵差距越大，幽默的效果越強烈。

偷梁換柱式幽默是把**概念的內涵大幅度轉移、轉換，使對方預期落空，進而產生意外的幽默情趣**。偷換得越隱蔽，概念的內涵差距越大，幽默的效果越強烈。

幽默是一種情感思維方法，它與人們一般的理性思維方法有相同之處，也有不同之處。幽默感不強的人常以一般的思維方式代替幽默的思維方式，其結果自然是幽默感的消失。

幽默的思維和一般的理性思維至少有兩個方面是不同的：第一，在概念的實用及構成上；第二，在推理的方法上。

雙方論的必然是同一回事，或者自己講的、寫的同一個概念前提要一致。如果不一致，就成了各說各的。因為同一個概念常常並不是只有一種含義，尤其是那些基本的常用概念，往往有許多種含義。

老師：「王凱，細心點！四加四等於幾？」
王凱很有把握的說：「等於八，老師。」
老師：「你是怎麼計算出來的？」
王凱：「你把書桌的四個角都砍掉就明白了。」

王凱的回答故意偏離邏輯規則，不直接回答對方的問題。而在形式上回應對方的問話，透過有意的錯位製造出幽默。這裡的答非所問並不是思維混亂，而是用假錯的形式，幽默的表達潛在的意圖，形成幽默效果。這種的構成其功力就在於偷偷無聲無息的把概念內涵進行大幅度的轉移。

「先生，請問去醫院怎麼走？」
「這很容易，只要你閉上眼睛，橫跨馬路，五分鐘以後，你一定會到達。」

這個例子好像完全是胡鬧，甚至是愚蠢，可是人們為什麼還把它當作一種幽默感呢？這是因為這個人幽默的回答轉移了概念的真正所指，突然打破了這種預期，預期的落空產生了意外，這還不算幽默的完成，它的完成在於意外之後的猛然發現。

某家銀行不允許職員留長髮，因為留長髮會給客戶留下頹廢和散漫的印象，有損銀行的聲譽。有一天，這家銀行的經理和人事部主任接見一批經過考試合格的考生，發現其中有不少留長髮的男子。考生們見人事部主任留著陸軍式的髮型，惶惶不安。但人事部主任在致辭時卻說：「諸位，我對於頭髮長短歷來持豁達的態度。」留著長頭髮的人聽到後，大感寬慰，情不自禁的鼓起掌來。

人事部主任繼續說：「諸位的頭髮想留多長都可以，只要保證頭髮長度在我和經理的頭髮長度之間就可以了。」眾考生立即把目光投向經理，只見經理面帶笑容的站起來，徐徐脫帽，露出了一個禿頭。「哈哈哈！」考生們大笑起來。

顯然，這家銀行對於頭髮長短問題的「豁達態度」與該行對職員頭髮長短的「嚴格要求」，儘管語言形式不同，但所表達的是同一個概念。人事部主任採用不同的詞語來表達同一個概念，很有創造性和幽默感。

提問小祕訣

偷梁換柱是比較容易掌握的一種說話技巧，但在使用過程中要注意一些具體的問題。一是要在熟悉替代語的同時，弄清它的本來含義，否則，就有可能反被人認為是真愚真痴。二是要找出替代語與所喻對象之間的相似性，能做到這點就會風趣可笑！

06 出其不意，給對方一個措手不及

幽默是一種智慧的表現。它打破常理，巧妙化解矛盾，使一些誤會或矛盾瞬間被澄清或化解。

在與人溝通的過程中，我們經常會面對突如其來的狀況，來不及思考。這時就需要隨機應變的打破窘境的幽默。這種幽默會使人眼前一亮，而且能夠體現幽默者的智慧。

有一次，英國作家狄更斯（Charles Dickens）正在釣魚，一個陌生人走到他跟前問：「你在釣魚？」

「是啊！」狄更斯毫不遲疑的回答：「今天，釣了半天，沒見一條魚；可是昨天，也是在這個地方，卻釣到了十五條魚！」

「是嗎？」陌生人又問：「那你知道我是誰嗎？我是專門稽查釣魚的，這段江上是嚴禁釣魚的！」說完，那個陌生人從口袋裡掏出一本冊子，要記下名字罰款。

見此情景，狄更斯卻反問：「那麼，你知道我是誰嗎？」當陌生人驚訝之際，狄

更斯直言不諱的說：「我是作家。你不能罰我的款，因為虛構故事是我的職業。」

狄更斯是透過自己巧妙的言語來化解「罰款」這一窘境。本來那個員警用「釣魚」的方法執法，但是狄更斯毫不畏懼，馬上回一句：「你不能罰我的款」，無疑使對方鑽入自己的圈套中。為什麼不能罰？一句「虛構是我的職業」立刻否定了他原本被員警套出來的話，那麼員警也就沒有證據了。

幽默是一種生活藝術，是一種智慧的表現。它打破常理，出其不意的解決問題，巧妙化解矛盾，使一些誤會或者矛盾瞬間被澄清或者化解。這樣的化解方式要比大打出手、爭吵不休體面，且更能讓人從心理上接受。

有一次，雷根總統在白宮鋼琴演奏會上講話時，夫人南茜不小心連人帶椅摔倒了。觀眾發出驚叫，但是南茜靈活的爬了起來，在兩百名賓客的熱烈掌聲中回到自己的座位上。正在講話的雷根看到夫人並沒有受傷，便插入一句俏皮話：「親愛的，我告訴過妳，只有在我沒有獲得掌聲的時候，妳才能這樣表演。」

這是一件令人尷尬的事情。雷根總統在講話現場用了一句幽默的話打破了尷尬的氣氛。可以說，臨場發揮的幽默才是最精粹、最有生命力的，充分體現了一個人的智慧。不論你身居什麼行業、什麼職位，幽默力量都能助你一臂之力。它能使你善於待人接物、廣交朋友，幫助你解決人際關係的難題、教你學會如何擺脫窘迫的處境。幽默可以隨時將痛苦驅離，讓你快樂生活。

提問小祕訣

幽默是活躍氣氛最好的武器，它可以緩解活動或會議現場的緊張、尷尬氣氛，重新營造愉快氣氛，同時還可以展現說話者自身的涵養。

07 玩笑開過頭，會斷交情

兔脣、跛腳、駝背等，都屬於一個人的不幸，他們需要的是你的同情，而不是冷嘲熱諷的笑話。

有人說，幽默是現代人為人處世的重要法寶之一；也有人說，幽默是煩悶生活中的調味劑。確實，在人際交往中，一個得體的玩笑不僅能錦上添花，讓人覺得你是一個有魅力的人，而且還能化解尷尬的氣氛，增進彼此之間的感情。但是開玩笑也要有分寸，玩笑開過頭很容易給對方造成傷害。

小李正在辦公室整理文件，突然接到一位朋友的電話，電話那頭語氣急促的說：「小李，你快點來商場，你兒子在搭電梯時把手指弄斷了！」

小李聽完當下就慌了，急忙跑出辦公室，他等不及電梯，就一口氣從五樓跑了下去，然後按照朋友發的地址叫了一輛計程車，心急如焚的趕往商場。

途中，小李的手機又響了：「你現在在哪？」朋友問。

「我正在搭車，救護車到沒？我兒子怎樣？」小李著急的詢問。

「你回去上班吧。」

「什麼？我得去醫院看我兒子啊！」小李以為這位朋友把事情都辦妥了，他的兒子已經被送到醫院了。

「哥們兒，逗你玩的，今天不是愚人節嗎，跟你開個玩笑。」朋友解釋。

小李馬上火冒三丈，自己從五樓跑到一樓，一路跑過來全身衣服都濕透了，這都不算什麼，關鍵是那種心急如焚的滋味太痛苦了。小李越想越生氣，乾脆跑到朋友那裡大吵一頓，兩個人不歡而散。

熟人、好友之間，偶爾開一個玩笑，本來是一件無傷大雅，且能帶來快樂的事，但是總有一些人把玩笑開過了頭，弄得彼此不歡而散，甚至因為幾句玩笑話而傷感情、斷交情。雖然故事中的場景是發生在愚人節，但是小李的這位朋友的玩笑確實太過分了，竟然拿小李親人的人身安全開玩笑，難怪小李會跟他生氣翻臉。

開玩笑應該把握分寸，適可而止，要想做到這一點，需要注意以下幾點：

▣ 要看對象。

人的身分、性格、心情不同，對玩笑的承受能力也不同。比如，很多時候開個玩笑只是無意之舉，大不了一笑而過，但是如果對方是較認真的人，你覺得是開玩笑，他可能覺得是諷刺。所以，開玩笑要看對象。

一般來說，後輩不宜跟前輩開玩笑，部屬不宜同主管開玩笑。若是同輩人之間開玩笑，要注意男女有別。比如，男性對玩笑的承受能力較強，可以適當開玩笑，但是女性正好相反，如果玩笑開得不得體，會使女性害羞難堪。

其次，開玩笑要抓住對方的性格特徵。如果對方性格外向，為人大氣，玩笑稍微大也無妨；但如果對方性格內向，比較敏感，開玩笑就要謹慎了。

▣ 要分場合。

美國前總統雷根在一次國會開會前為了試試麥克風好不好用，隨口開了一個玩笑：「先生們請注意，五分鐘之後，我們將對蘇聯進行轟炸。」話一說完，全場譁然，蘇聯政府為此提出了強烈抗議。

由此可見，在開玩笑時一定要注意場合，一般來說，若是嚴肅靜謐的場合，不適合開玩笑；若是喜慶的場合，適當的玩笑能增添喜悅的氣氛；工作時間，一般不宜開玩笑；茶餘飯後閒談時，可以開一些無傷大雅的玩笑。

▣ 要有限度。

開玩笑應該有一個底線，即玩笑不能傷害他人的尊嚴。如果玩笑使對方太難堪，開玩笑就沒什麼意義了。

比如，笑你的同學考試不及格、笑你的同伴在走路時跌了一跤、笑你的朋友被愛情騙子欺騙……本來這些都是應該報以同情的，但是成了你的笑料。這樣做於你又有什麼好處？只會讓對方認為你是個冷酷無情的人。

提問小祕訣

俗話說「癩子面前不談燈泡」，對於別人的生理缺陷，比如兔唇、跛腳、駝背等，都屬於一個人的不幸，他們需要的是你的同情，而不是冷嘲熱諷的笑話。

第七章

感情比邏輯更有說服力

01 「六加一」提問法，引導對方說「是」

要獲得認同，一開始就要誘導對方連續說「是」。

要說服對方，爭辯並不是一個聰明的辦法。充分了解對方的想法，設法讓對方回答：「是」，才是一種成功的說服方法。

就一個人的心理狀態來講，當他說出「不」字時，他的心裡也潛伏著這個意念，從而使他所有的器官、腺體、神經、肌肉完全集結起來，形成一個「拒絕」；反過來說，當一個人回答「是」的時候，他體內那些器官沒有收縮動作的產生，組織處於前進、接受、開放的狀態。所以，在談話一開始時，如果能夠誘導對方說出更多的「是」，則後面的建議或意見就會比較容易獲得對方的認同。

心理學家發現，如果連續的問對方六個問題，並且讓對方回答六個「是」，那麼第七個問題或要求提出來後，對方也會很自然的回答「是」。這就是「六加一」提問法。

這種方法在實際運用中很有效果。在銷售過程中，這種方法能夠使客戶不知不覺的進入設計好的問題之中，從而為你的銷售成功增加籌碼。許多國外的公司甚至還請了心理專家專門設計了一連串讓客戶回答「是」的問題。我們看一下下面的經典案例：

銷售人員沿街敲門，客戶打開了門。

第一個問題：「請問你是這家的主人嗎？」對方一般都會回答「是」。

第二個問題：「先生，我們要在這個社區做一項有關健康的調查研究，相信你對健康問題也是相當關注的吧？」對方也會回答「是」。

第三個問題：「請問你相信運動和保健對身體健康的價值嗎？」大多數人都會回答「是」。

第四個問題：「如果我們在你的家裡放一臺跑步機，讓你試試，你能接受嗎？當然這是免費的。」因為是免費的，一般人不會拒絕。

第五個問題：「請問我可以進來給你介紹一下這臺跑步機的使用方法嗎？兩個星期後，我們會麻煩你在我們的回執單上填上你使用的感覺，我們是想做一個調查，看看我們公司的跑步機使用起來方不方便。」

在這種情況下，幾乎所有的客戶都不會拒絕銷售人員進門推銷他的產品。

接下來，銷售人員會接著問專家們已經設計好的問題，而客戶只是在不停的點頭。到最後，很多客戶會心甘情願的花錢買一臺跑步機。

這就是利用了「六加一」提問法。在這樣的模式下，銷售人員可以順利的開始介紹產品，並且成功的贏得客戶。其他場合也可以用這種提問法，「六加一」提問法是一種非常簡單而又實用的技巧。同樣的，當我們想說服別人時，也可以使用這種方法。

提問小祕訣

使用這種方法時，問題是需要提前設計好的，然後一步一步引導對方接受你的觀點或建議。

02 話說到「點」上，擊中對方要害

說服別人時，要抓住對方的要害，將可能會發生的嚴重後果說到對方心裡，讓他找不出任何理由，甚至是不想找出理由來反駁。

俗話說：「打蛇打七寸。」說服對方的時候，如果能夠抓住關鍵點，就會使說服達到事半功倍的效果。

如果我們將可能帶來的嚴重後果分析透澈，就不用不停的與對方進行周旋，對方深思熟慮後，自然會主動接受你的意見或觀點。

戰國時，有一個名叫張丑的人在燕國當人質。

這一天，張丑聽說燕王想殺死他，便急忙逃走。很快，他便來到燕國的邊境。眼看離自由只有一步之遙了，不料卻被燕國邊境的巡官抓個正著。巡官以為這下立了大功，決定將張丑送回燕王處請賞。張丑心想：如果被送回去，肯定是死路一條，必須想辦法逃走。想來想去，張丑終於想出一條妙計。張丑對看守他的士兵說：「快去叫

你們的頭，我有話跟他說。」

看守連忙前去稟報。不一會兒，巡官過來了。

張丑神祕的對巡官說：「你知不知道，你們燕王為何要殺我？」

「不知道。為什麼？」

張丑故意壓低了聲音說：「燕王之所以要殺我，是因為有人說我有很多珠寶，而燕王卻想要得到它們。事實上那些珠寶已經沒有了，但是燕王不信任我。」

「這跟我有什麼關係？」巡官不解。

「如要你現在把我送給燕王，他必定還要問我珠寶藏在何處。到時我就說，你把這些珠寶全吞進肚子裡了，到時候……」張丑故意抬高了聲音：「燕王肯定要你剖腹取珠，你的肚腸將被一寸一寸的割開。」

這時，巡官早已嚇得不停的顫抖，趕緊放了張丑，讓他逃出燕國。

張丑能夠成功逃出燕國，原因在於抓住了巡官的要害，虛張聲勢，充分論述巡官把他送回燕國的危害，從而使巡官畏懼，最終放了張丑。

張曉和王飛在同一家公司上班，他們在工作中都是數一數二的好手，並且是實力不分上下的競爭對手。他們兩個人已經明爭暗鬥了很長時間，但一直不分勝負。

像他們兩個人，一般情況下是不可能合作的，但任何事情都有出人意料的時候。

前不久，同事們都在議論經理辭職的事情，而即將要上任的新經理是一個很嚴厲且排外的人，他會帶著自己的行銷團隊過來。

消息鬧得沸沸揚揚，就在這個關鍵的時候，張曉談了一個大單子，但想要在新任經理來之前拿下這個單子，幾乎是痴心妄想。只有找人合作，才能完成這個單子。經過深思熟慮，張曉找上了自己的競爭對手王飛。

不出意料，王飛聽到這個合作的事情說：「別開玩笑了，拿我尋開心吧。這樣的大單子你怎麼會找上我！」顯然，王飛對此難以置信。

張曉笑著說：「哪有時間尋你開心啊。公司將有新經理來的事情，想必你也已經聽說了吧？」

「這件事情公司上上下下有誰不知道呢？」王飛笑著說。

「但是這個新經理會帶著自己的團隊，據說其團隊成員的能力都很強，這就表示公司要裁掉很多員工，我們將會面臨被炒魷魚的下場。你我要想在公司站穩腳跟，繼續留在這裡，就必須拿出成績來。所以，我們必須幹一票大的。正好我手上有一份很有分量的大單子，但是現在時間緊迫，如果我們合作，那麼在最終的業績單上可以寫上我們兩個人的名字。」

張曉將事情詳細的分析完後，便沉默了下來，等待王飛的答覆。能和張曉鬥這麼長時間都未曾一敗的王飛，必然是一個十分聰明的人，因此，在略微思索後，他便爽快的答應了合作。

案例中的張曉直截了當的點出王飛的問題和不利後果，抓住了他的要害，最終促使他主動改變想法，接受合作。這對於很難纏的人來說，是一種非常有效的說服技巧。

因此，我們在說服別人時，要抓住對方的要害，將可能會發生的不好的嚴重後果說到對方的心裡，讓對方自己說服自己，這樣便可以讓對方找不出任何理由，甚至是不想找出理由來反駁我們的觀點。

提問小祕訣

談判高手陳述的內容要言簡意賅、切入重點。才能便於對方把握談話要領，同時能做到速戰速決，盡快切入主題，避免在枝節上糾纏不清。

03 用數字取代形容詞

靈活的使用數據，並透過表格把數據整理出來，讓人一眼就能從中發現規律，如：「根據調查，抽菸者得肺癌的機率是不抽菸者的十倍。」

西方思想史上的重要人物湯瑪斯・卡萊爾（Thomas Carlyle）曾說：「人們應該嘗試用數字說明一切。」數據具有非凡的說服力，當他人為我們提供一組數據後，我們的腦海裡會立刻形成具體的影像、實踐的成果和前景，尤其是進行數據比對時，這種感覺更為強烈。作為說服高手，要想說服他人，除了語言，數據也是不可忽視的一點。

舉個最簡單的例子，當我們要強調抽菸對身體健康的危害時，如果只是一直強調「千萬不要抽菸，抽菸容易得肺癌」，就很難說服別人。但是如果我們換一種說法：「根據調查，抽菸者得肺癌的機率是不抽菸者的十倍。」抽菸的危害就不言而喻了。因此，當說服他人的時候加入具體的數字，我們就能夠將基本的訊息有效的傳達給對方，從而為自己巧妙說服對方發揮力量。

一九二二年，來自紐約的一位女國會議員進行了一次演講，呼籲在政治生活中給婦女平等地位。她說：「幾個星期前，我在國會傾聽總統的談話。在我周圍落座的有七百多人。我聽到總統說：『這裡雲集了美國政府的全體成員，有眾議員、參議員，還有最高法院成員和內閣成員。』我環顧四周，在七百多名政府要員中只有十七人是女性，在四百三十五名眾議員中只有十一個是女性，一百名參議員中只有一個女性，內閣成員中沒有女性，最高法院中也沒有女性。」她用不著多說了，因為無論說多少話，也比不上這幾個數字更能說明問題。無論你是否同意她的觀點，在這幾個確鑿的數字面前，都不得不承認在政治生活中存在著性別歧視。

女議員的演講贏得了公眾的認可。這就是數據的力量，她僅僅用了幾組數據的對比，就已經非常明顯的向美國群眾，甚至是世界群眾表達了女性在政壇上微弱的影響力。無論對方是否贊成她的觀點，在這些真實客觀的數據面前都不得不承認，這個國家的政治領域確實存在著男女歧視、男女不平等的問題。

雖然運用數字能增強你的說服力，使你的語言更顯真實可信，但在運用時也要注意以下一些問題：

■ 一定要保證運用數據的真實性和準確性，如果說服者的數據不夠真實和準確，那說服也就不可能了，對方甚至會認為說服者在愚弄他們。

- 使用的數據最好與一些具有較大影響力的人或者事件有關。
- 使用數據要有限度，不能濫用。使用數據是為了使你的話更具說服力，並不是讓你去做數據的堆砌，千萬不要企圖使用龐大的數據征服你的聽眾。

總之，說服對方時要學會靈活的使用數據，以增強我們的說服力。最後建議，學會使用表格，讓數據更清晰化。因為不是每個人都能從枯燥的數據中看到規律，你必須透過表格把數據整理出來，讓人一眼就能從中發現規律。這樣，對方能快速明白你的意思，從而引發思考的興趣。

提問小祕訣

如果能用小數點以後的兩位數字說明問題，那就盡可能不要用整數；如果能用精確的數字說明問題，那最好不要用一個模糊的約數來應付別人。

04 美國保險超業的說服技術

讓他自己得出結論，並相信這方法是他自己想出來的。

戴爾·卡內基（Dale Carnegie）說：「世界上唯一能夠影響對方的方法，就是時刻關心對方的需要，並且還要想方設法滿足對方的這種需要。」人們在交往過程中，難免會在思想上產生分歧，為了更好的理解人、幫助人和關心人，多從對方的立場看問題是很有必要的。凡事跟別人「調個位置」看看，必能增進了解和支持。說服人更要如此，多從對方的立場考慮問題，才能讓對方心甘情願的接受你的問題。

在銷售過程中，很多銷售人員根本就沒有從客戶的角度來提問的意識，滿腦子想的只是自己的產品。

那麼，如何讓客戶心甘情願的來購買產品？銷售人員要站在客戶的立場進行提問，讓客戶自己去得出結論，並讓他認為那是他自己的想法。這樣一來，他就會非常樂意接受你的產品，你也很容易贏得客戶的信任。

以下是美國保險超級業務員喬·庫爾曼（Joe Culmann）說服大客戶博斯先生購買保

險的過程。

博斯指著桌子上的一堆文件，說：「壽險計畫我已經派人送去給紐約所有的大保險公司。其中有三個是我朋友開的，還有一個是我的至交開的。週末，我們常常一起打高爾夫球。他們公司的業績是相當不錯的。」

庫爾曼聽了之後，附和著說：「是的，世界上沒有哪個保險公司比得上它。」

博斯先生聽出庫爾曼在附和自己，於是就說：「庫爾曼先生，情況就是這樣。如果你一定要向我推銷，那麼你可以按我的年齡——四十六歲、二十五萬美金，做一個專案寄給我。我會把你的專案與他們的進行比較。如果你的專案又好又便宜，那麼這筆生意就是你的了。不過，我認為你是在浪費我的時間，也是在浪費你的時間。」

庫爾曼笑著說：「我做保險已有多年，我勸你趕快把那些所謂的專案扔了。」

博斯先生十分詫異的問：「你這話是什麼意思？」

庫爾曼說：「首先，只有一名合格的保險統計員才能完全正確的解釋那些專案，而成為一名合格的保險統計員則需要七年時間。其次，你所選擇的公司都是世界上比較好的公司，也可能是價格比較便宜的公司。那麼你應該怎麼選擇呢？是閉著眼睛隨便拿一份，還是花幾個星期精挑細選，其結果幾乎完全相同。現在，我的工作就是幫助你做出選擇。因此，我必須問你一些問題，你看怎麼樣？」

博斯覺得他的話有一定的道理，就肯定的回答道：「行！」

庫爾曼先生說：「你健在的時候，那些保險公司可以讓你信任，但你百年之後，你的公司還信任他們嗎？你認為是不是這樣？」

博斯先生回答道：「不錯，是這樣。」

庫爾曼接下來又說：「現在重要的，也是極為重要的，是不是應該把你的風險轉移到保險公司一方？」

「當然！」

「人的安全比農作物更重要。莊稼尚且如此，人是不是更應該買保險？給自己買一份保險是不是就更加重要？難道你不覺得應該把風險降到最低嗎？」

博斯先生抬起頭來，望著他回答道：「這我倒沒想過，但可能性很大。」

庫爾曼接著說：「如果你還沒有買保險，是不是就會損失一大筆錢財，而且也會損失你生意上的收益？」

博斯先生問道：「何以見得？」

庫爾曼說：「今天早上，我約好了卡克雷勒醫生，他在紐約很有名，每家保險公司都承認他的體檢證明。他的設備既齊全又先進。可以說，只有他的體檢證明才適用於二十五萬美金的保單。」

博斯先生疑惑的問：「難道別的保險代理就做不了嗎？」

庫爾曼先生說：「他們今天上午是不行了。博斯先生，這次體檢很重要，你不能大意。我們現在可以試想一下，你現在打電話給他們，請他們下午為你安排體檢。首先，他們會找一個普通的醫生幫你檢查，很可能是他們的朋友。檢查結果最快今天晚上寄出，主管醫生明天早上才能看到。如果他發現要冒二十五萬美元的風險，必然安排第二次體檢。同時，還要準備必要的儀器，時間將被拖延。如果這樣拖延下去，你將會有怎樣的損失呢？你應該知道，未來是不可預知的，什麼事都可能發生。」

博斯先生認同的說：「我再考慮一下。」

庫爾曼又說：「假設你明天早上突然感冒，嗓子發痛、咳嗽不止，因此躺了一星期。當你好了，你再去做那辛苦的體檢，保險公司可能會說：『博斯先生，看到你恢復健康，我們非常高興，但考慮到你的感冒，我們可能要附加一個小小的要求，就是再觀察你三、四個月，以確認那是急性的，還是慢性的。』你看，時間將一直拖延下去。博斯先生，這些都可能發生吧？」

博斯先生回答道：「是的。」

庫爾曼說：「那麼你的損失，誰來確保？」

博斯先生再次表示認同：「這確實是一個問題。」

庫爾曼又說：「博斯先生，現在是十一點十分，若現在動身，還能趕上卡克雷勒的約會——十一點三十分。你現在看上去氣色很好，如果體檢沒什麼問題，你的保險將在四十八小時後生效。我相信你的感覺一定不錯。」

博斯先生很高興的說：「感覺好極了！」接著博斯先生昂起頭，點燃一支菸，拿起帽子，說：「小夥子，走吧！」

從案例中得知，庫爾曼是站在博斯先生的立場上進行提問的。在提問的過程中，他知道博斯先生需要什麼樣的產品。透過提問，也讓博斯先生明白了自己的需求，讓博斯先生找到了自己真正需要的東西，不再盲從，因為他有了自己的判斷。庫爾曼不僅讓博斯先生自願的購買保險，還與博斯先生成了好朋友。

這種方法也可以用於人與人之間的溝通中。站在對方的立場進行提問，他才會心甘情願的接受你的建議或要求。

提問小祕訣

亨利．福特說：「如果你想擁有一個永遠成功的祕訣，那麼這個祕訣就肯定是如何站在對方的立場上考慮問題。這個立場是對方感覺到的，但不一定是真實的。」能夠掌握這個祕訣並且應用到說服中是一種能力，一種讓你獲得成功的能力。

05 神奇字眼的力量

多使用積極字眼的詞，讓對方朝著積極的方向走，如：「不錯」、「很棒」、「給你按讚」。

我們都知道，透過五大感覺器官，我們可以把周圍一切的現象輸進大腦中，這些現象包括視覺的、聽覺的、觸覺的、嗅覺的和味覺的，經過感覺器官的「詮釋」後成為我們內心的種種感受。然而我們要如何才能描繪出這些感受呢？最快且最有效的方法便是給它們貼上識別的標籤，而這些標籤便是我們所說的「字眼」。

字眼就好像「模子」一樣，我們的感受就像「澆鑄的液體」，我們不經考慮便把自己的感受隨便倒進一個模子裡，也不管是不是還有其他更合適或更正確的模子。遺憾的是，我們的感受經常倒進的模子是消極的、頹喪的。

使用積極的字眼，最能振奮我們的情緒；使用消極的字眼，就必然會使我們很快的自暴自棄。在說服對方時，如果我們把「不可能」、「不同意」、「令人懷疑」，或「鬱悶」等消極的字眼掛在嘴上，那麼對方就會不易接受，甚至可能引起他們的抗拒。

但如果我們使用積極的字眼類似「同意」、「不錯」、「值得讚美」等，對方就會很樂意的接受你的提議。

歷史上許多偉大人物就是因為善於運用字眼的力量，大大的激勵了當時的人們，決心跟隨著這些偉大的人物，結果塑造出今天的世界。的確，用對了字眼不僅能打動人心，同時更能帶出行動，而行動的結果便是展現出另一種人生。

當美國政治家派屈克·亨利（Patrick Henry）站在十三州代表前時，他慷慨激昂的說：「我不知道其他人要怎麼做，但就我而言，不自由，毋寧死。」這句話激發了大家的決心，誓言要推翻長久以來騎在他們頭上的苛政，美利堅合眾國於是誕生了。

再看下面的故事：

有一個名叫馬丹的年輕人。從小就是孤兒，而且身材矮小，長相一般，就連說話都帶有法國鄉村口音。因此，他一直看不起自己，也不敢出去找任何工作，更別提結婚了。馬丹感到很無奈，不知道自己是否還有活下去的理由。

好朋友勒戈夫實在不忍心看到他這樣，決心幫助他。勒戈夫想到一個好辦法。他興沖沖的跑來告訴馬丹一個消息：「我剛從報紙上看到一條新聞，拿破崙曾走失了一個孫子。上面描述的相貌特徵，與你絲毫不差！我想，你肯定就是拿破崙的孫子！」

「真的嗎？我竟然是拿破崙的孫子？」馬丹一下子精神大振。他趕緊拿來拿破崙的畫像，比較了一番，感覺還真是非常像。馬丹想像著「身材矮小的拿破崙爺爺曾經指揮千軍萬馬，用帶著泥土芳香的法語發出威嚴的命令，他頓時感到自己矮小的身體裡同樣充滿著力量，就連自己不標準的口音，聽起來也帶有幾分高貴和威嚴。」

第二天，他充滿信心的去公司面試了。二十年後，馬丹成了集團總裁。

從這個故事中我們看到了，馬丹的朋友使用了積極的話語，有效的挑起了他積極的一面，最終馬丹走出了絕境，並且創造了一番事業。可見積極字眼的力量。

因此，說服別人時，我們要改變平常使用消極字眼的習慣，多使用積極字眼的詞，讓對方朝著積極的方向走。

提問小祕訣

多用積極字眼的重要例句：「你好，我可以幫你做些什麼嗎？」「你的問題，我們完全可以解決。」「雖然我現在給不了你要的答案，但我一定會盡快解決。」「我們一定會滿足你的要求。」「我們將隨時為你提供最新資訊。」「我們保證按期交貨。」「非常感謝你能接受我們的服務。」

06 專家都說了，就這個好！（權威效應）

「這種洗髮精效果很好」，沒人理。「某位名人是這種洗髮精愛用者」，很快完售。

有一位教授做過一個這樣的實驗：在化學課上，這位教授拿出一個小瓶子，告訴學生這是一位著名化學家的最新研究成果，裡面裝有一種化學物質，有氣味，如果誰聞到了氣味，要舉手告訴他，結果多數學生都舉起了手。

但是實際上，瓶子中裝的是沒有氣味的蒸餾水，而不是什麼化學物質，只是在著名化學家這一權威者的影響下，大多數學生才認為它有氣味。這便是「權威效應」。

「權威效應」也叫權威暗示效應，是指如果一個人地位高、有威信，就會受人敬重，而他所說的話及所做的事情就很容易引起別人重視，並讓他們相信其正確性。中國有句話叫「人微言輕，人貴言重」，說的也是這個道理。

透過「權威效應」，我們在向對方傳達這樣一個資訊：這可是權威人士說的話，是不容置疑的。這樣能給對方一定的心理壓力，讓對方相信這是正確的，從而使對方信服。其實人們很早就學會了用「權威效應」，來達到說服他人的目的。

麥哲倫（Fernando de Magallanes）因為舉世聞名的環球航行在世界航海史上留下了光輝的篇章，但是你可知道，麥哲倫在說服西班牙國王贊助並支持自己的航海事業的時候困難重重？

原來，在麥哲倫那個年代，航海事業蔚然成風，很多人打著航海家的幌子到皇室騙取錢財，所以西班牙國王對於所謂的航海家一直持懷疑態度。那麼，麥哲倫是怎麼說服國王的？

當時，有一位著名的地理學家叫帕雷伊洛，是人們公認的地理學界的權威，麥哲倫找到了他，請他陪自己去說服國王。這位地理學家在見到國王後，講述了麥哲倫環球航海的必要性與各種好處。因為是權威人士，所以國王非常信任他，於是同意了麥哲倫的航海計畫，這才有了麥哲倫環球航海的壯舉。

但是，人們在事後才發現，這位權威的地理學家並不是那麼權威，因為他對世界地理的認識是不全面的，甚至是錯的。比如，對於經度、緯度的計算就出現了諸多偏差。不過這些都已經無關緊要了，因為在「權威效應」的作用下，麥哲倫已經達到了自己的目的。

事實上，在現實生活中，人們很信賴權威。有位心理醫生做過一個有趣的實驗，他把自己的醫師證書掛在了辦公室的牆上，他發現，每當病人看到牆上掛著的證書時，他們往往會更容易接受自己的建議。

事實便是如此，如果一位推銷人員對你說：「這種洗髮精效果很好。」你可能會懷疑他，認為這是他推銷產品的一種手段；如果是一位名人說：「這種洗髮精效果很好。」多數情況下你會選擇相信他，並買回家試。

白蘭地口感柔和，香味純正，被人們稱為「葡萄酒的靈魂」，深受人們的喜愛，而且長銷不衰，但是在一九五〇年代，情況並非如此。

當時法國是白蘭地的主要產地，為了擴大白蘭地的銷路和影響力，酒商把目光投向了正在飛速發展的美國。

有一次，當時的美國總統即將要過生日，這些酒商抓住了這次機會，廣泛的利用兩國的新聞媒體大肆宣傳，說是要送白蘭地給總統過生日。於是在總統生日的前一個月，白蘭地便成了人們茶餘飯後津津樂道的話題。而且大家都相信，既然是總統喝的酒，必定是好酒，於是紛紛購買。就這樣，白蘭地很快的便打入了美國市場。

「總統喝的酒，必定是好酒」，這些酒商運用了「權威效應」，成功說服了消費者，讓白蘭地聲名遠揚。

所以，在說服他人的時候，不妨利用一下「權威效應」。比如：告訴對方「我很在行，我是這個領域的專家」；告訴對方，「這是〇〇大師的建議」或「某位名人也喜歡這樣做」；與人辯論、說理時適時引用一些權威人物的話……。

提問小祕訣

「權威效應」之所以會普遍存在，是因為人們有「安全心理」，即人們總認為權威人物往往是正確的楷模，服從他們會使自己具備安全感，增加不會出錯的「保險係數」；其次是由於人們有「讚許心理」，即人們總認為權威人物的要求往往和社會規範相一致，按照權威人物的要求去做，會得到各方面的讚許和獎勵。

07 講事實，大腦自動會認同

用事實說話，多使用具體的例子，如：「氣象局說明天會下雨」。

「有理走遍天下，無理寸步難行」，說服他人也是一樣，如果你的觀點僅僅是一些理論性的骨架，沒有實例的支撐，即使你有三寸不爛之舌，也是沒有足夠說服力的。

王濤對任何事物都喜歡品頭論足，自詡有一番獨到的見解。比如，有同事問他：「今天新上映的電影聽說不錯，要不要去看看？」王濤通常會拒絕：「我才不去，一點內涵也沒有，浪費錢。」同事疑惑道：「你去看過了？不對啊……」。

又比如，最近社區附近開了一家烤魚店，朋友們邀請王濤一起去，他會說：「千萬別上當，他們家的烤魚做得不好。」朋友們又問：「你吃過了？」王濤撓撓頭說：「這個倒沒有，聽說是不好吃。」

時間久了，大家都覺得王濤這個人說話太不可靠了，於是就不願意跟他聊天了，玩的時候也不再詢問他的意見，因為大家知道，王濤的話根本站不住腳。

當想要別人信服我們的觀點時，我們必須用事實來支撐，而不是像王濤那樣說一些泛泛的、空洞且沒有什麼意義的話。比如，如果你說：「明天天氣不好」，則應該再加上一句話：「天氣預報說明天會下雨」，有了這樣一個事實，別人才會相信你。

假如你要刊登一則廣告，推銷某種藥品，有以下兩種方式供你選擇：第一種是把這種藥品的成分、功能、用法詳細介紹一遍；另一種是找一個患者親身服用的例子，由患者來講述該藥的效果。你會採取哪種方式呢？

倘若你是一名優秀的說服者，就應該知道實際的例子比一般性的理論介紹更有說服力，選哪個自然不言而喻了。

俗話說「事實勝於雄辯」，在日常生活中，你**要說服別人，就需要用事實說話，多使用具體的例子**，這樣即使對方有再高明的辯論技巧，在事實面前也會低下頭。

在第二次世界大戰期間，為了趕在德國之前製造出原子彈，美國總統羅斯福（Franklin Delano Roosevelt）的私人顧問薩克斯受愛因斯坦（Albert Einstein）、歐本海默（Robert Oppenheimer）等人的委託，帶著愛因斯坦的信件去勸說羅斯福下令研究原子彈。俗話說「隔行如隔山」，儘管薩克斯費盡口舌，百般陳述利害，羅斯福的反應仍然十分冷淡。該怎樣說服總統呢？薩克斯思前想後，終於想出了一個好辦法。

第二天，在兩個人共進早餐時，羅斯福說：「今天不許再談愛因斯坦的信，一句也不許談，明白嗎？」

薩克斯看了一眼總統，笑了笑，說：「那麼我就談一點歷史吧。當年，拿破崙橫掃歐洲大陸，卻唯獨在英國人手下吃了虧，知道是為什麼嗎？」

羅斯福饒有興致的看著他，示意他繼續說下去。薩克斯知道機會來了，於是說：「英法戰爭期間，拿破崙在海上屢戰屢敗。這時，一個叫富爾頓（Robert Fulton）的小夥子建議拿破崙將法國戰艦的桅杆砍斷，風帆撤去，木板換成鋼板，再裝上蒸汽機，以此提高海軍的戰鬥力。不料拿破崙根本不懂這些東西，一氣之下把富爾頓當成瘋子轟了出去。後來歷史學家們認為，正是由於拿破崙拒絕了富爾頓的建議，才使得英國倖免於難。」

說到這裡，薩克斯停頓了一下。這時，羅斯福的神色已經開始凝重了起來。薩克斯趕緊打鐵趁熱，說：「總統先生，如果當時拿破崙接受了富爾頓的建議，也許十九世紀歐洲的歷史就要重寫了。」

聽完之後，羅斯福沉思了幾秒鐘，最後說：「你勝利了，我決對不做第二個拿破崙。」

當然，我們用事實說服他人時也無須次次引經據典，當一時想不起來合適的例子時，不妨談一談自己的親身經歷。例如，一些難忘的事、美好的回憶……由於是自己親身經歷的，所以講的時候必定會很真切，容易與人產生共鳴，對方自然會被你吸引，被你說服。

提問小祕訣

在講述親身經歷時，應該注意以下兩點：第一，說話時加上具體事件發生的時間；第二，講述的事情要符合人們的思維習慣。如果你講述的事情與人們平常的思維習慣相差甚遠，你的實例不僅沒有說服力，甚至還會讓人覺得你是在編造故事。

08 利用語言誘導，他會聽你的

恰當的使用誘導語言，會取得理想效果，如：「你打算多快做這個決定？」

有一個有名的故事：

在繁華的巴黎大街的路旁，站著一個衣衫襤褸、頭髮斑白、雙目失明的老人。他不像其他乞丐那樣伸手向過路行人乞討，而是在身旁立了一塊木牌，上面寫著：「我什麼也看不見！」不用說，他是因為生活所迫才這樣做的。街上過往的行人很多，那些穿著華麗的紳士、貴婦、打扮漂亮的少男少女們，看了木牌上的字都無動於衷，有的還淡淡一笑，便揚長而去。

這天中午，法國著名詩人比浩勒（Jean Pehale）也經過這裡。他看看木牌上的字，問老人：「老人家，今天上午有人給你錢嗎？」

「唉！」老人無奈的搖搖頭回答：「我，我什麼也沒有得到。」說著，臉上顯現出悲傷的神情。

比浩勒聽了，拿起筆悄悄的在那行字的前面添上了「春天到了，可是我什麼也看不見！」幾個字，就匆匆的離去了。

晚上，比浩勒又經過這裡，問老人下午的收入情況，那老人笑著說：「先生，不知道為什麼，下午給我錢的人突然變多了！」比浩勒聽了，摸著鬍子滿意的笑了。

「春天到了，可是我什麼也看不見！」這富有詩意的語言，產生了這麼大的作用，就在於它有非常濃厚的感情色彩。是的，春天是美好的，那藍天白雲、那綠樹紅花，怎麼不叫人陶醉呢？但這良辰美景，對於一個雙眼失明的人來說，只是一片漆黑。這是多麼心酸呀！當人們想到這位盲人，一生中連萬紫千紅的春天都不曾看到，怎能會不對他產生同情心呢？

寥寥幾個字，就使原本平淡無奇的一句話充滿了濃厚的感情色彩。正是這句飽含了感情的話，一下說中了他人的內心深處，更有力的說服他人對這位盲人獻出愛心。

因此，在說服他人的過程中，恰當的使用誘導語言，會使說服取得理想的效果。同時，語言誘導切不可濫用，一定要恰到好處。那麼，具體要注意哪些因素呢？

▣ 要有目的性。

在進行語言暗示的時候，必須有一個明確的目的，也就是說，要有一個所要實現的目標作為指引，不能直接去說服，而必須讓說服中所有的語言指向你那個明確的目的。

例如，你要說服客戶購買你的健身產品，在設計以健身為目的的暗示語時，必須圍繞著健身進行。

■ 要帶有誘惑性。

在銷售過程中，一流的銷售人員的話語會帶給人強大的暗示和指引，若讓不懂技巧的人來說則會顯得毫無價值，這就是在說服的過程中，使用一定技巧的重要性。

銷售人員的目的在於引導客戶進入說服過程，並且可以毫無防備的接受銷售人員所施加給他的各種語言暗示，因此，如果要讓這些有價值的引導語言完全進入人的意識中，就需要積累一定的經驗。要特別注意的是，語氣要輕柔且讓人感覺到像是一種來自遙遠地方的引導指令，讓人們在毫無防備的情景下自然的接受這些指令。

■ 用詞的適當性。

在說服的過程中，語言誘導時要注意運用合適的時間詞，要讓這些代表時間的詞或短語引起人們的注意力，起到較強的效果。這些合適的時間副詞會讓人產生不一樣的理解力，恰當的運用帶有假設含義的語言，如：「你打算多快做這個決定？」暗示了你一定會做出決定；「你準備什麼時候開始更進一步的合作？」暗示了你已經處在合作狀態，同時你還要繼續合作下去。

另外，一些帶有否定意思的詞語也有一定的語言誘導作用，如「在你沒有做好充分準備前，不要輕易購買」，其實暗示了你一定會購買，同時暗示你去做充分的準備。這種恰如其分的暗示，會讓客戶對銷售人員更信任。

提問小祕訣

利用語言誘導對客戶進行暗示和說服，必須在實踐中融會貫通、靈活運用。只有把握住分寸和尺度，才能產生說服的效果。

第八章

話說到心坎，別人就服了

01 說事實會傷人？那就說好聽點的事實

直白的語言很可能會招人反感，採取迂迴的戰術，讓他人自覺明白自己的過錯，才能出奇制勝。

很多時候，直言不諱確實不可取，常常既傷人又傷己。將直白的話迂迴表達是聰明之舉，也是說話的王道。因此，在說服別人的過程中，如果不能直接找到最佳的突破點，我們不妨使用迂迴說服。

古代，迂迴曲折的戰術經常會用到戰爭中。這樣避重就輕的好處是，可以麻痺敵人，出其不意，攻其不備。歷史上，也有很多文人志士採用這種策略向皇上進言。

楚襄王整日不思進取，只圖個人享樂，不理朝政、不斷割地賠款，而且聽信小人讒言，結果接連被秦國攻城掠地，江山社稷岌岌可危。

但軟弱的楚襄王並沒有奮起反抗，而是一味的隱忍退讓，期待秦國人會良心發現，適可而止。他的這種做法，讓很多關心國家安危的大臣們十分著急。大臣們紛紛進諫，但楚襄王一個也不理。很多人屢次進諫都沒能獲得成功，反而遭受楚襄王的反感，說他們多言滋事，危言聳聽。

當時，朝中有一位名叫莊辛的大臣，足智多謀，他見國家日漸衰亡，看在眼裡，急在心上，又見眾人勸說無效，就親自去找楚襄王。

楚襄王正在花園賞花，見莊辛到來，知道又是來勸諫的。楚襄王心裡打定主意，無論莊辛說什麼，自己都當作耳邊風。所以，等莊辛來到他身旁時，他只瞄了莊辛一眼，便一語不發。

莊辛明白自己若是直接勸說，肯定會與群臣一樣無功而返，楚襄王是聽不進去的，只有另闢蹊徑，才能進諫成功。

這時，恰好有一隻蜻蜓飛來，莊辛的腦海裡馬上閃過一個念頭，他說：「大王，你看見那隻蜻蜓了嗎？」

楚襄王一聽，覺得有趣，便說：「看見了，有什麼特別嗎？」

莊辛繼續說：「牠活得多舒服呀！吃了蚊子、喝了露水、停在樹枝上休息，自以為與世無爭，世人不會對牠怎樣，但牠哪裡知道，樹下正有個小孩拿了黏竿等著牠呢！頃刻之間，牠就會墜下來，被螞蟻所食。」

楚襄王聽了，面露淒然之色。

莊辛又說：「你看到那隻黃雀了吧？牠跳躍在樹枝上，吃野果、喝溪水，自以為與世無爭，世人不會對牠怎樣，但牠哪裡知道，樹下正有個童子，拿著彈弓對準了牠。頃刻之間，牠就會墜下樹來，落在童子手中。」

楚襄王聽了，開始面存懼色。

莊辛又說：「這些小東西不說了，再說那鴻鵠吧！牠展大翅、渡江海、過大沼、凌清風、追白雲，自以為與世無爭，世人不會對牠怎樣，但牠哪裡知道，下邊正有個射手搭弓上箭，已瞄準了牠，頃刻之間，牠就要墜下來，成為人間美味呢！」

楚襄王聽了，驚起了一身雞皮疙瘩。

莊辛又說：「禽鳥的事不足論，再說一下蔡靈侯吧。蔡靈侯左手抱姬、右手挽妾，南遊高陂、北遊巫山，自以為與世無爭，別人不會對他怎樣，哪知子攬已奉了楚宣王的命令，前去征討他奪其地了，頃刻之間，蔡靈侯將死無葬身之地。」

楚襄王聽了，嚇得手腳抖動起來。

莊辛又說：「蔡靈侯的事遠了，咱說眼前吧。大王你左有州侯、右有夏侯，群小包圍、日夜歡娛，自以為與別人無爭，會得到別人的容忍，哪知秦國的穰侯（按：魏冉）已得了秦王之令，正率重兵向我國進發呢！」

聽了莊辛的陳述，楚襄王的臉色逐漸變白，渾身發抖，他決心痛改前非、重振國威。莊辛的進諫忠心可嘉，楚襄王為此獎賞了他；莊辛又因勸君有方，被加封為陽陵君。自此，楚襄王勵精圖治，與秦人一爭高下。

一樣是要勸楚襄王振作起來，別人的話楚襄王聽不進去，莊辛的話卻讓楚襄王嚇得全身發抖，原因在於莊辛在說服楚襄王的過程中拐了一個彎兒，採用了迂迴戰術。他抓住了兩個關鍵點，一是把國家的生死和楚襄王的生死利害關係連在一起；二是用畫面和實例來嚇楚襄王，讓楚襄王聽了這些話就想到具體的畫面。當他想到其他人如蔡靈侯的真實下場時，自然就會想到自己的下場。

當你說服他人的時候，是否也經常遇到他人的強烈反彈呢？與其針鋒相對的辯論，不如改變方法，從其他的途徑進行說服。所謂條條大路通羅馬，在勸人時不必直來直往、正面交鋒，直白的語言很可能會招人反感，採取迂迴的戰術，讓他人自覺明白自己的過錯，才能出奇制勝。

提問小祕訣

迂迴說服是一種柔和的策略。在說服他人的過程中，不直接點明主題，而是採用迂迴的方式，先說一些無關緊要的閒話，然後再慢慢步入正題。但需要注意的是，運用迂迴說服的策略時，要注意把握好時機，找機會快一點切入主題，千萬不要讓人失去耐心。

02 妥協不是認輸，以退為進也是一種策略

表面看起來是我方做出了讓步，其實，讓步只是一種誘餌，目的是擺出高姿態，逼迫對方讓步。

說服就像一場談判。有些人在談判過程中一味的抱著己方的觀點和價碼，不管對方做何反應，都拒絕做出任何改變。這種「一言堂」的心態，是很容易讓談判對手厭惡的。既然能夠坐到談判桌上就合作問題展開交流，就應該有真誠的態度。談判的雙方是平等的，沒有誰必須聽從誰的說法存在。當對方做出讓步時，我方也應該有所緩和，這樣談判才能繼續進行下去。相反的，當對方不讓步時，我們該如何做呢？

這時，談判高手都會不擇手段的掌握對方的真正意圖，摸清對方的底牌，掌握談判的主動權，採取主動讓步，以退為進的策略。這種方法從表面看起來是我方做出了讓步。其實，我們的讓步只是一種誘餌，目的是擺出高姿態，逼迫對方讓步。

十九世紀末，一家法國公司跟哥倫比亞簽訂了合約，打算在哥倫比亞的巴拿馬省

境內開一條連通大西洋和太平洋的運河。主持運河工程的總工程師是以開鑿蘇伊士運河而聞名世界的法國人雷賽布（Ferdinand de Lesseps），他自以為這一工程不在話下，然而巴拿馬環境與蘇伊士有很大的不同，工程進度很慢，資金開始短缺，於是公司陷入了窘境。

美國早在一八八〇年就想開一條連貫兩大洋的運河，但是法國先下手與哥倫比亞簽訂了條約，為此美國十分懊惱。在這種形勢下，法國公司的代理人布里略訪問美國，向美國政府兜售巴拿馬運河公司，要價一億美元。美國知道法國擬出售公司是欣喜若狂。然而，美國卻故作姿態，羅斯福（Teddy Roosevelt）指使美國海峽運河委員會提出報告，證明在尼加拉瓜開運河省錢。

報告指出，在尼加拉瓜開運河的全部費用不到兩億美元。雖然在巴拿馬運河的直接費用只有一億多，但另外要付一筆收買法國公司的費用，這樣，開巴拿馬運河的全部支出將達兩億五千多萬美元。

布里略看到這個報告後大吃一驚。心想如果美國不開鑿巴拿馬運河，法國不是一分錢也收不回了嗎？於是他馬上遊說，表明法國公司願意削價，只要四千萬美元就行了。透過這一方法，美國就少花了六千萬美元。

羅斯福又用同一計策來威脅哥倫比亞政府。他指使國會通過一個法案，規定美國如果能在某期限內同哥倫比亞政府達成協議，將選擇在巴拿馬開運河，否則，美國將選擇尼加拉瓜。

這樣一來，哥倫比亞也坐不住了，駐華盛頓大使馬上找美國國務卿海約翰（John Milton Hay）協商，簽訂了一項條約，同意以一百萬美元的代價長期租給美國一條兩岸各寬三公里的運河區，美國每年另外付租金十萬美元。

羅斯福能成功的拿到巴拿馬運河的開鑿權，就是抓住了對方的心理，以退為進，逼迫對方不得不同意自己的要求。這樣的退其實是進攻。哥倫比亞方顯然處於弱勢，所以只能答應羅斯福的要求。羅斯福運用「以退為進」這種策略，使美國只用了很少的代價，就攫取了巴拿馬運河的開鑿和使用權。

這種「以退為進」的策略不僅可以應用在談判上，還可以應用在人際交往中、銷售中等。

有一天，一平去菸酒店拜訪。這家菸酒店是上次直接加盟的新客戶，不過，投的保額很小。由於已成為客戶，而這天是第二次拜訪，一平自然而然比較鬆懈、隨便，以致頭上的帽子戴歪了都沒發現。

一平一邊問好，一邊拉開玻璃門，應聲而出的是菸酒店的小老闆。雖然是小老闆，但年紀已經不小了。小老闆一見到他，就生氣的大叫起來：「喂！你這是什麼態度，你懂不懂禮貌？歪戴著帽子來拜訪你的客戶嗎？你這個大渾蛋。我是信任明治保險，也信任你，真沒想到我所信賴公司的員工，竟然那麼隨便、無禮。你出去吧！我不跟你投保了。」

聽完，一平恍然大悟，馬上雙腿一屈，立刻跪在地上。「唉！我實在慚愧極了，因為你已經投保，就把你當成自己人，所以太任性、隨便了！」

一平繼續道歉說：「我的態度實在太魯莽了，不過我是帶著向親人的問候來拜訪你的，絕沒有輕視你的意思，所以請你原諒我好嗎？千錯萬錯，都是我的錯。」

小老闆突然轉怒為喜：「喂！不要老跪在地上，站起來吧、站起來吧，其實我大聲責罵你，是為你好，我是不會介意的。不過你想如果你這個樣子拜訪別人，別人肯定以為你沒誠意。」接著他握住一平的雙手，說：「慚愧！慚愧！我不應該這樣對你，咱們是朋友。我也太無禮了。」

兩人越談越投機。小老闆說：「我向你大發脾氣，實在太過分了，我不是投保了五千元嗎？我看就增加到三萬元好啦！」

人總會有犯錯的時候，問題是犯錯之後，要懂得隨機應變，要有靈敏的反應，以便挽回劣勢，反敗為勝。特別是遇到一個特別難纏的客戶，最好採取「以退為進」的策略，這一招特別奏效。如果你只是一味蠻進，就會猶如逆水行舟不進反退。

說服他人就是一場較量。你覺得你的觀點是對的，對方同樣也覺得自己的觀點正確無比。這時，針鋒相對的理念已經很難扭轉，也很難說服對方。此時，我們不妨使用「以退為進」的策略，這樣才能「柳暗花明又一村」。

提問小祕訣

這裡所謂的讓步必須在能夠承受的能力範圍內，否則一旦對方接受條件，我方在談判桌上就不能出爾反爾。

03 把你的觀點，包裝成對方的觀點

滿足對方的存在感和尊重感，可以成功說服對方，並且不會遭到反駁。

在人與人的交流中，人們往往覺得自己的觀點比別人的更正確。因此，說服他人時，他們只想著按照自己的意願讓別人接受自己的觀點。殊不知，對方也是這樣想的。結果就是誰也說服不了誰，各自持有自己的觀點，誰都不妥協。

心理學研究顯示，沒有人願意被強迫或者被命令去做一件事情，除非他認為那是自己的想法，自己覺得必須或者應該這麼做。對於別人的意願而言，人們通常更加關心自己的意願和需要。因此，我們完全可以讓自己的觀點變成別人的觀點。

布魯克林市的一家醫院擬購進一臺X光檢查機，具體的購買事宜由愛沃爾醫生負責。那些消息靈通的推銷員們一下子就把愛沃爾醫生包圍住了。他們向醫生介紹自己的產品的優越性能和低廉價格，希望能夠打動這位醫生。

愛沃爾醫生感到十分為難，因為這些產品讓他眼花繚亂，且推銷員的花言巧語也

不能盡信。有一天，他收到了一封信，寫信的是某一家X光檢查機的製造商。

「最近我們生產了一種新式的X光檢查機。由於是新產品，所以它在某些方面需要繼續改進。但是，我們並不知道該如何改進。你是這方面的專家，我們非常希望你能在百忙之中來看看我們的儀器，並提出改良的方案，使它能夠適合醫院的臨床應用。我們知道你的時間非常寶貴，但是還是希望你能夠前來。」

這封信讓愛沃爾醫生受寵若驚。實際上，他對這種X光檢查機並不很熟悉，也沒有人向他徵詢過有關這種儀器的意見。雖然他很忙，但是他還是取消了其他約會，去看了那套設備。結果呢，可能因為心理因素作祟，他越來越喜歡那套儀器，並且相信那套儀器簡直無懈可擊。最後他主動說服了醫院方面購買了那套設備。

製造商巧妙的讓愛沃爾醫生自己去發現儀器的優點，並說服他購買了那套設備。這種方法確實高人一等，也難怪他們能夠成功的取得競爭的勝利。

愛德華．豪斯（Edward Mandell House）上校在威爾遜（Thomas Woodrow Wilson）總統執政時期，在國內外事務方面具有很大的影響力。威爾遜對豪斯的祕密策畫及建議的依賴，比對他自己的內閣成員還多。豪斯上校是用什麼方法影響總統的呢？豪斯曾對史密斯說過，而史密斯又在《星期天晚報》披露了。

「認識總統後，」豪斯說：「我發現，要使他相信某一種觀念的最好方法，就是將這一觀念很自然的植於他心中，並巧妙的使他對這一觀念產生興趣，使他經常思考。我曾到白宮去拜訪他，勸他推行某項政策，而這種政策他似乎不太贊成。但幾天以後，在一次聚餐時，我很驚訝的聽到他把那個提議當作他自己的意見說了出來。」

豪斯並沒有阻止威爾遜，說：「那不是你的意見，而是我的。」他非常精明，他不屑於居功，只求行事有效，所以他使威爾遜繼續認為那個意見是他自己想出來的。不僅如此，他還使威爾遜因為公開了這些意見而獲得了世人的讚譽。

因此，在我們說服別人的時候，要滿足對方的存在感和尊重感，盡量把自己的觀點變成對方的觀點，之後由自己進行引導，致使對方將其中所隱含的結論親口說出來，這樣便可以成功的說服對方，並且不會遭到對方的反駁。

提問小祕訣

在與人交流中，如果你將某件成功的事說是自己完成的，那麼必然會有人公開或者隱密的對這件事情進行攻擊以及不斷的找碴，因為透過這種方式可以讓對方感覺到他的存在和價值。這就是人的心理情感需求。

04 營造「是」的氛圍，不讓對方說「不」

強調對方和你都認同的部分，並暗示你所想要得到的答案，如：「你一定很喜歡，是吧？」

當一個人在說話時，如果一開始就說出一連串的「是」字來，就會使整個身心趨向肯定的一面。這時全身會呈放鬆狀態，容易形成和諧的談話氣氛，也容易放棄自己原來的偏見，轉而同意對方的意見。

一個人一旦說出一個「不」字，就意味著你的觀點未被認可，如果對方連續說「不」字，那你最好趁早結束你的談話，因為你的談話並沒有得到對方的歡迎。所以最好的辦法就是改變話題，或者改變談話的策略。

先強調對方和你都贊同的部分話題，然後再慢慢的在雙方有分歧的部分中，找出雙方都可以接受的部分，如此一來，你們的談判就會向著積極的方向發展。也就是要創造對方說「是」的氛圍。

美國電機推銷員哈里森，講了一件他親身經歷的有趣的事。

有一次，他到一家新客戶的公司去拜訪，準備說服他們再購買幾臺新式電動機。不料，剛踏進公司的大門，便挨了當頭棒喝：「哈里森，你又來推銷你那些破爛了！你不要做夢了，我們再也不會買你那些玩意兒了！」總工程師惱怒的說。

經哈里森了解，事情原來是這樣的：總工程師昨天到生產線去檢查，用手摸了一下前不久哈里森推銷給他們的電機，感到很燙手，便斷定哈里森推銷的電機品質太差，因而拒絕哈里森今日的拜訪。哈里森冷靜思考了一下，認為硬碰硬的與對方辯論電機的品質，肯定於事無補。他便採取了另外一種戰術，於是有了以下的對話：

「好吧，斯賓斯先生！我完全同意你的立場，假如電機發熱過高，別說買新的，就是已經買的也得退貨，你說是嗎？」

「是的。」

「當然，任何電機工作時都會有一定程度的發熱，只是發熱不應超過電工委員會所規定的標準，你說是嗎？」

「是的。」

「按國家技術標準，電機的溫度可比室內溫度高出攝氏（以下同）四十二度，是吧？」

「是的。但是你們的電機溫度比這高出許多，昨天差點把我的手燙傷了！」

「請稍等一下。請問你們生產線裡的溫度是多少？」

「大約二十四度。」

「好極了！生產線是二十四度，加上應有的四十二度的升溫，共計六十六度左右。請問，如果你把手放進六十六度的水裡會不會被燙傷呢？」

「那——是完全可能的。」

「那麼，請你以後千萬不要去摸電機了。我們的產品品質，你完全可以放心，絕對沒有問題。」結果，哈里森又做成了一筆買賣。

哈里森的成功，除了因為他的電機品質的確不錯以外，還與他利用了人們心理上的微妙變化不無關係。但使用這種方法，我們要注意以下兩點：

▣ 創造說「是」的氣氛。

一定要創造出對方說「是」的氣氛，還要避免營造對方說「不」的氣氛。因此，提出的問題應精心考慮，不可信口開河。例如，一名推銷員與顧客之間的一場對話：

「今天還是和昨天一樣熱，是嗎？」

「是的！」

「最近通貨膨脹，治安混亂，是嗎？」

「是的！」

「現在這麼不景氣，真叫人不知如何是好！」

對於這一類問題，不論推銷員如何說，對方都會回答「是的」，好像已經創造出肯定的氣氛，可是注意他說話的內容，實際上只是製造出一種讓人無心購買的否定悲觀的氣氛。也就是說，顧客在聽到他的詢問後，會變得心情沉悶，當然什麼東西也不想購買了。

▣ 暗示答案。

要使對方回答「是」，提問的方式是非常重要的。最好的方式應是：暗示你所想要得到的答案。所以，在推銷商品時，不應問顧客喜不喜歡，想不想買。因為你問他「你想不想買」、「喜不喜歡」時，他可能回答「不」。因此，應該問：「你一定很喜歡，是吧？」當你發問而對方還沒有回答之前，你自己要先點頭，你一邊問一邊點頭，可誘使對方做出肯定回答。

提問小祕訣

讓對方說「是」，是一種說話的藝術，學會這種說話的藝術，將讓你終身受益。

05 用商量的語氣，對方容易接受你

用商量的語氣委婉和對方交涉，如：「這樣的表述好嗎？是不是還要補充些什麼？」

任何人都不喜歡被說服，尤其是被命令的語氣。因為，只要被說服，不管是以何種方式，都意味著要放棄自己原來的想法或做法，意味著是自己輸了而對方贏了，甚至意味著自己的自尊心受到傷害。

所以，說服人很難，讓對方從心底裡接受你的說服更難。此時，我們就要用商量的語氣說話，讓對方愉快的接受你。

李諾剛搬進一個新社區，就發現鄰居家養著一隻大狼狗。讓李諾感到驚訝的是，鄰居平時總是任由這隻拴著鐵鍊的大狼狗在街上亂跑。

儘管大狼狗性情看上去溫順，但李諾的女兒每次見到牠依然會發出驚叫，感到非常害怕。自從知道外面有大狼狗之後，他的女兒除了待在自家的院子裡，哪兒都不敢去玩。

李諾覺得這件事必須立即解決，於是就親自去拜訪狼狗的主人，向他說明來意。

李諾：「你好，我是你們的鄰居，我想和你們商量一些事情。你們家的大狗很健康、非常活潑，不過我們家的小孩每次看到牠都會感到害怕，不敢出門玩，我怎麼說都沒有用。所以想請你們幫個忙，以後每天下午五點到六點間，可不可以讓你家的狗暫時待在家裡，這樣我們家小孩就可以出來玩了。六點後，我會叫小孩回家吃飯，之後你家的狼狗去哪都行，我不會有任何意見。希望你能幫我這個忙……。」

鄰居聽完李諾的話後，很爽快的點了點頭，表示可以按李諾的意思去做，並略帶歉意的對李諾說：「沒想到你家的孩子怕狗，真是不好意思。」

在這個案例中，李諾之所以能夠說服鄰居，就是因為李諾在表達自己的來意之前，先稱讚對方的狼狗健康、活潑，再說明事實，告訴對方自家的孩子怕狗，因外面有大狗而不敢出門玩。之後又完整的提出了合情合理的解決方案，並用商量的語氣約定大致的時間，以便讓對方更易於接受。

每個人都希望被他人尊重，都不希望他人用命令的語氣指示自己做某事。心理學研究顯示，**人人都具有排他心理，特別是在別人以強硬的姿態命令自己遵從他的意見時**。所以，在說服他人時，最好先獲取對方的好感，然後用商量的語氣委婉的和對方交涉，之後再提出解決方案，讓對方能以平靜的心情傾聽，這樣才能達到說服的目的。

有些家長跟孩子說話常會不耐煩，甚至武斷的下結論。不肯與孩子商量，這不僅會傷了孩子的自尊心，還會把他變成毫無主見的小孩。因此，家長要孩子做某件事情時，最好用商量的語氣，讓他感受到被平等對待了，你是尊重他的。

比如，你想要孩子把地上亂丟的玩具整理一下，可以說：「玩具亂丟，多不好的習慣啊，我們一起把玩具收拾一下好嗎？」千萬不要用命令的語氣：「你怎麼搞的，玩具亂丟，快點去收拾好！」這樣孩子聽你責備，心裡就會產生反感，即使按你的要求去做，也是不開心的。

再如，想要孩子收拾書桌，不要用指責的語氣命令：「你桌子這麼亂，是豬窩嗎？趕緊給我收拾好！」而要說：「爸爸跟你講過一句話，叫『一屋不掃何以掃天下』。你不是很有志向嗎？那是不是應該從收拾桌子開始呢？」

任何人都不喜歡他人用命令的語氣與自己說話，即使有時候不得不接受，心裡也會很不高興。因此，在與人交流時，盡量要用商量的語氣說話，這樣對方才會欣然接受。

由於身分和地位的不同，很多主管常常喜歡以命令的語氣和部屬說話，部屬雖然表面上滿口答應，連連稱是，但心裡未必真的認同你的做法，可能對你的做法大有意見，只不過不敢發作而已。

比如，主管經常會這樣說：「這樣的表述不行，你趕緊再補充一下。」若改用商量的語氣：「這樣的表述好嗎？是不是還要補充些什麼？」這樣的效果會更好。

因此，我們在說服他人的時候，要盡量使用商量的語氣說話，讓對方喜歡你，從而願意接受你的建議。

提問小祕訣

卡內基說：「沒有人樂意聽從別人的指使，沒有人喜歡讓別人告訴他應該怎麼做、應該怎麼想，這似乎是人的天性。」

06 每個人都渴望被讚美，但要具體

恭維對方，讓對方有種被尊重的感覺，本來糟糕的事情反而會朝積極的方向發展，如：「在鑑定汽車方面，你是一位專家。」

卡內基曾經說：「我們滋養我們的子女、朋友和員工的身體，卻很少滋養他們的自尊心。我們供給他們牛肉和洋芋，培養精力；但我們忘了給他們可以在記憶中回想好多年像晨星之音的稱讚。」

正如卡內基所說，每個人都有渴望別人讚美的心理期望。

有一天，卡內基去郵局寄掛號信。在他等待的時候，他發現這家郵局的辦事員服務品質很差，態度很不耐煩。當卡內基把信件遞給她秤重時，他便對辦事員稱讚道：「真希望我也有妳這樣美麗的頭髮。」辦事員驚訝的看了看卡內基，露出微笑，接著便熱情周到的為卡內基服務起來。自那以後，卡內基每次光臨這家郵局，這位辦事員都笑臉相迎。

卡內基真不愧是語言大師，在此情景下，竟能想出如此高妙的讚美語言，讓那位面如冰霜的辦事員立刻改變了服務的態度。如果是讚揚她工作熱情，辦事員肯定會認為這是卡內基在對她進行挖苦、諷刺，而若是批評她服務差，她很可能會服務更差。

因此，我們要善於抓住人的心理，不失時機的讚美對方，這樣本來糟糕的事情，反而會朝著積極的方向發展。說服別人時，我們更要如此。

懷特是一家汽車公司的銷售人員。有一次，他帶一位客戶看新車。可是，這位客戶很挑剔，一會兒說這車性能不好，一會兒說那輛車太醜，或者說那輛車價格太高。結果這位客戶認為每輛車都有缺點，太難挑了。

懷特見狀，停止向客戶推薦，而是讓他自己選。幾天以後，懷特的公司正好有一種車正在做活動，車的性能好，價格比之前也優惠了許多。懷特想起了那位難纏的客戶，於是打電話過去，約客戶來公司。

一見面，懷特就對那位客戶說：「在鑑定汽車方面，你是一位少有人能及的專家，很少有人能做到像你一樣對汽車進行精準評估。現在這個型號的車正在做活動，你試駕一下，看看它的性能，感受一下這個型號的車是否符合你的需求。」

這時，客戶的臉上露出了一絲笑容，他很快的應允了懷特的請求。他開了一圈後，說：「不錯，這正是我需要的。」

懷特把活動資料給他看，客戶痛快的說：「可以，完全沒問題，這輛車非常適合我。我買了。現在就去交錢。」

恭維客戶，讓客戶有種被尊重感，甚至被尊崇的感覺，他自然會心花怒放，也會對你心存好感，這樣就為進一步交流溝通做了一個好的基礎。但恭維對方時需要注意以下三個方面：

■ **讚美要切合實際。**

凡說讚美的話，一定要切合實際，而且要言之有物。比如，到別人家裡做客，與其不切實際的亂捧主人一場，不如讚美主人房間布置得別出心裁、陽臺上的盆栽精緻。若想贏得朋友的喜愛，就要盡量發現他的長處並加以稱讚。特別關心別人的某一種事物，會使人異常欣喜。

■ **不可盲目恭維。**

只有發自內心的敬佩、讚美，才能讓別人感受到你的真誠。比如，某個歌手閒暇時喜歡畫畫，那麼我們與其讚美他的歌聲悅耳動聽，不如說他畫功不錯。

■ **說話要謹慎。**

不切實際的恭維話、言不由衷的恭維話，都很容易惹出是非。正如我們不能見到任何女性都讚美她漂亮一樣，倘若這個女性明知自己不漂亮時，心裡會覺得我們是在取笑她，結果一定會惹得她很生氣。

提問小祕訣

在說服別人的過程中，我們要適度的恭維一下對方，雖然這是一件微不足道的小事，但是可以增進你與對方的交流，加深你們之間的關係，讓對方更加信任你，增加你說服他人成功的機率。

07 多數人難逃從眾心理，強調大家都這樣做

讓對方產生大家都這樣做，我也這樣做的心理。

從眾心理是一種帶有普遍性的心理現象。它既包括思想意識上的從眾，也包括行為上的從眾。

為了驗證從眾心理的普遍性，美國社會心理學家阿希（Solomon Asch）曾進行過實驗。在受試者中，高達三分之二的人都有從眾行為，只有少部分人保持了自己的獨立性，沒有盲目從眾。由此可見，從眾心理在人群中非常普遍，幾乎會影響所有人群。

在生活中有不少從眾的人，也有一些專門利用人們的從眾心理來達到某種目的的人，某些商業廣告就是利用人們的從眾心理，把自己的商品炒熱，從而達到目的。比如，提神飲料廣告利用做苦工的工人、計程車司機、家庭主夫來說明、宣傳它的好處，使公眾產生一種「大家都在喝，我也來喝看看」的感覺，從而達到了廣告宣傳的目的。

舉一個極端的例子：在一個非作弊不可的環境中，當不論是哪種學生都傾向於透過作弊來取得好成績的時候，老師的勸說和個別同學的阻止，基本上不會起到任何作用。

既然從眾心理的威力這麼大，在說服他人的過程中，我們也可以運用從眾心理對人的影響，暗示人們應該從眾。如此一來，被說服者就會不知不覺做出選擇，說服的目的也能很快實現。下面是從眾心理運用於銷售中的案例：

某大型商場一樓有輛促銷花車，所售商品為各款女士包包，花車周圍圍著眾多女性消費者。售貨員一邊忙著給付錢的顧客包裝包包，一邊喊著：「時尚包包，五折大促銷。」來商場底層超市購物的美環本來不準備買包包，但是看到這種場景，也忍不住擠進去看看。她發現大家好像不用錢一樣搶購，也趕緊把注意力放在包包上，終於看中一款自己還算滿意的，看看品質，還是真皮的，五折下來一千元，省了一千元，趕快付錢，擠了出來，臉上露出滿意的笑容。可是，過了幾天，在該品牌專賣店，發現同款包包，店裡標價也是一千元，讓她大呼「上當」，其實根本就沒有打折。

這個案例是我們在日常生活中經常見到的情景，由於消費者和商家對同一產品資訊不對等，商家利用消費者從眾購物的消費心理，恰到好處的採取了促銷手段，營造了一種「大家都購買」的熱絡氛圍。

還有一個幽默小故事：

一位石油大亨死後到天堂去參加會議，一進會議室發現已經座無虛席，沒有地方可坐，於是他靈機一動，大喊一聲：「地獄裡發現石油了！」這一喊不要緊，天堂裡的石油大亨們紛紛向地獄跑去，很快，天堂裡就只剩下那位大亨了。這時，大亨心想，大家都跑了過去，莫非地獄裡真的發現石油了？於是，他也急忙的往地獄跑去。

世界上所有人都有盲目從眾的心理，因而我們要學會避免它。一個假消息的始作俑者，看見自己發布的消息對人群造成的巨大影響，竟然自己也信以為真了。由此可見從眾心理的巨大威力。因此，當我們想說服別人時，不妨使用這種方法，讓對方產生大家都這樣做，我也這樣做的心理，就會很輕鬆的達到說服目的。

提問小祕訣

所謂從眾心理，就是指在社會群體的壓力下，個體會不知不覺間，或者身不由己的選擇與大多數人一樣。

第九章

打圓場，掃除溝通障礙

01 找個藉口，給對方臺階下

適時的打圓場能避免發生不愉快，如：「你穿拖鞋是因為腳受傷對不對？等你傷好了就可以穿上鞋子？」

我們經常在電視中看到有些優秀的主持人，往往能及時出語圓場，化解尷尬，精彩的主持下去。

有一次，著名曲藝家、節目主持人崔琦在北京電視臺主持一場曲藝晚會。輪到一位雜技演員表演《踩蛋》的時候，一不小心腳下的雞蛋被他踩破了一個，這時觀眾全都看見了。演員很不好意思的又換了一個雞蛋，崔琦忙打圓場：「為了增加藝術效果，證實雞蛋是真的，所以演員故意踩破了一個給大家看。」

不巧的是，崔琦話音剛落，演員腳下又一個雞蛋破了。觀眾馬上轉向主持人，心裡好像都在想：這回看你怎麼說。只聽崔琦說：「唉，社會上的偽劣產品屢禁不絕，看來不抓不行了——連母雞都生產劣質產品！」臺下頓時一片笑聲和掌聲。

面對演員接連兩次的失誤，崔琦先是反話正說，把演員不小心踩破雞蛋的出醜行為，機智的「正名」為「驗證雞蛋真假」的正常的刻意行為，從而一下子為演員挽回了面子。然後，崔琦又借機發揮，巧妙將雞蛋破碎的原因引申到「偽劣產品」上，既合理又幽默的把責任推到了母雞身上，令人忍俊不禁，又讓人深深感受到了他的圓場技巧和智慧。

讓人下不了臺的事大都發生在人們料想不到的時候，但是，只要能及時轉換角度，巧說妙解，不但能給自己找個臺階，甚至還能給生活增添樂趣。

歷史上的紀曉嵐也善於打圓場，我們接下來看下面的案例。

紀曉嵐曾在軍機處辦事。有一次，乾隆帶著幾個隨從突然來到軍機處，而此刻的紀曉嵐正光著胳臂和軍機處的幾個辦事人員侃大山（按：也稱「砍大山」，與臺灣的「打屁」一詞語意接近）。其他人一見皇帝來了，連忙上前接駕，只有高度近視的紀曉嵐沒有看出是乾隆皇帝走在後頭，忽見其他人在前邊接駕，才大吃一驚。他心想：如果就這樣光著胳臂接駕，豈不犯了褻瀆萬歲之罪？皇上應該沒有看見自己，還是先躲一下為好。於是，他倉皇之中鑽到桌下藏了起來。

其實，他的舉動乾隆早已看在眼裡，也猜透了紀曉嵐的心理，卻裝作不知，故意在椅子上坐了下來。

紀曉嵐在桌子底下縮作一團，大汗淋漓，卻又不敢出聲。兩個時辰過去了，紀曉嵐沒有聽到乾隆說話的聲音，以為他已經走了，就鼓起勇氣低聲詢問辦事人員：「老頭子走了沒有？」

乾隆在一旁聽得清清楚楚，立即板起臉孔，厲聲問：「紀曉嵐，你見駕不接，我且不怪罪於你。你叫我『老頭子』是什麼意思？你要一個字、一個字的給我講清楚，否則可別怪我無情！」

紀曉嵐嚇得半死，只好無奈的從桌子底下鑽出來，穿上衣服，俯伏在地，不停的磕響頭，並連稱：「死罪！死罪！」

接著，慢條斯理的解釋道：「萬歲不要動怒，奴才所以稱你為『老頭子』，的確是出於對你的尊敬。先說『老』字：『萬壽無疆』稱『老』，我主是當今有道明君，天下臣民皆呼『萬歲』，故此稱你為『老』。」

乾隆聽後，點了點頭。

紀曉嵐接著說：「『頂天立地』稱為『頭』，我主是當今偉大人物，是天下萬民之首，『首』者，『頭』也，故此稱你為『頭』。」

乾隆皇帝邊聽邊瞇著眼睛笑，很是滿意。紀曉嵐見此情景，猜透了乾隆的心思，便故意拉長了聲音說：「至於『子』字，意義更明顯。我主乃紫微星下界，紫微星，天之子也，因此天下臣民都稱你為天『子』。」紀曉嵐說到這裡，稍微停了停，又說：「皇上，這就是我稱你為『老頭子』的原因。」乾隆皇帝高興的點了點頭，這件事就算過去了。

紀曉嵐在無意中說錯了話，叫乾隆「老頭子」，對於乾隆的厲聲責問，紀曉嵐從容自若，調整思維，巧妙作答，讓乾隆轉怒為喜。最後別出心裁的給自己打了圓場。

在人際交往中，需要打圓場的地方有很多，有時需要為自己打圓場，有時候需要為他人的爭吵打圓場，或是需要為他人的尷尬打圓場。掌握了打圓場的技巧就能有效化解矛盾，平息爭吵，避免發生不愉快的事情，創造和諧的人際關係。

另外，打圓場時要注意以下幾個方面：

▣ 求同存異，強調事件的合理性。

當人們因固執己見而爭論不休時，局面難以緩和的原因往往是彼此的爭勝情緒和較勁心理。因此我們在打圓場時要注意這一點，求同存異，幫助爭執雙方靈活的分析問題，使他們認識到彼此觀點的合理性，進而停止無謂的爭執。

▣ 找個藉口給對方臺階下。

有些人之所以在交際中陷入窘境，常常是由於他們在特定的場合做了不合時宜或不合情理的事情，於是就進一步造成整個局面的尷尬。在這種情況下，最有效的打圓場的方法就是換一個角度或者找一個藉口，以合情合理的解釋來證明，對方有悖常理的舉動在此情景中是正當的、合理的，這樣有助於消除對方的尷尬，正常的人際溝通也能繼續進行。

■ 表達要幽默。

幽默的語言會讓尷尬的氣氛得到緩解，使人轉怒為喜，甚至開懷大笑，而且還可以使人從中獲得感悟。

■ 從側面點撥。

不直言相告，而是從側面委婉的點撥對方，使其明白自己的不滿，打消失當的念頭，這一技巧通常借助問句的形式表達出來。

總之，想要維護人際交往的正常進行，「打圓場」是必不可少的。

提問小祕訣

「打圓場」不同於「和稀泥」，它是從善意的角度出發，以特定的話語去緩和緊張的氣氛、調解人際關係的一種語言行為，它在日常生活中起著重要的積極作用。

02 就算你比較懂也別插嘴

打斷別人，亂插話的人，甚至比發言冗長者更令人生厭。

在我們與人溝通的過程中，經常會遇到這樣的情況：一個人正講得興致勃勃，這時，你突然打斷對方，說：「聽說最近天氣要變冷了。」由於你不合時宜的「打斷」，使當時的氣氛馬上就變冷了。最後，說話的人因為你打斷他說話，對你絕對不會有好感，更不會聽你的任何建議和觀點。

英國思想家培根（Francis Bacon）曾說過：「打斷別人，亂插話的人，甚至比發言冗長者更令人生厭。」的確，打斷別人說話是一種非常無禮的行為，也容易引起對方的抵觸情緒，給人留下不好的印象。

有一天，和李麗同一辦公室的何姐說起樂其商場冬季服裝特價的事情。何姐說：「我昨天看報紙，說樂其商場冬裝特價，有一件新款的羽絨衣要特價……。」

李麗正好剛剛去過那家商場，興沖沖的說：「對啊，那件羽絨衣就像公主一樣單獨擺在一個貨架上！」

何姐的話被打斷，撇了撇嘴沒作聲，繼續接著原來的話說：「那款羽絨衣設計得真好看，顏色也多，又雅致……。」

李麗又插話說：「有雪白色、奶油色、粉色、大紅、淺綠、藍色、黑色、明黃色……好多種顏色，我覺得雪白色和粉色的最好看，不過冬天穿容易髒，淺綠色和明黃色也不錯，看上去明快有活力！」

何姐看著李麗滔滔不絕的樣子，無奈的苦笑了一下，轉回頭去處理自己的文件，李麗卻沒有發覺何姐的不悅之色。可是，李麗再找何姐聊天的時候，何姐總是藉口說忙。李麗只好去找別人聊天，但是一段時間以後，大家都不願意和她聊天了。

當對方談興正濃的時候，不是特別重要的發言最好不要輕易打斷對方，要先傾聽完對方的話再表達你的意見和看法。

在說服他人時，首先要學會傾聽。**傾聽是人們建立和保持關係的一項最基本的溝通技巧**。管理學家威爾德說：「人際溝通始於聆聽，終於回答。」沒有積極的傾聽，就沒有有效的溝通。美國曾調查發現，公司主管們的平均時間分配是：九％的時間在「寫」，一六％的時間在「讀」，三〇％的時間在「說」，四五％的時間在「聽」。

傾聽是我們獲取更多資訊，正確的認識他人的重要途徑。古人曰：「聽君一席話，勝讀十年書。」一個人如果總是說，那麼，他學到的知識會很有限，了解的真相也會很少；反之，一個善於傾聽的人，喜歡分享他人的資訊與情感，對方也會樂於給出建議。

松下幸之助是日本著名跨國公司松下電器的創始人，被人稱為「經營之神」——「事業部」、「終身僱用制」、「年功序列」（按：以年資和職位論資排輩，訂定標準化的薪水）等日本企業的管理制度都由他首創。松下幸之助為人謙和，他用一句話概括自己的經營哲學：「首先要細心傾聽他人的意見。」

一九六五年，日本經濟低迷，市場環境很不好，松下電器的經銷商與代理商受到嚴重影響，全部陷入困境。松下幸之助為了改善情況，決定澈底檢討整個銷售體制，但這一回遭到了部分經銷商與代理商的反對，而且反對的聲浪日漸高漲。

在這種情況下，松下幸之助召集了一千兩百家經銷商的負責人進行商議。會議一開始，松下幸之助就說：「今天開這個會，是想知道大家關於變革銷售體制的想法。請大家各抒己見。」說完，松下幸之助就請持反對意見的負責人發表意見。在他們發表各自意見時，他靜靜的坐在一旁傾聽。

等到所有人的發言都結束了，他才詳細的說明了新的銷售方式的推行目的及方法。令人驚訝的是，這一次，那些經銷商的負責人並沒有站出來反對他的這一改革，反而對新方案表示理解與支持，同意推行。

松下幸之助召開這次會議的成功在於他的認真傾聽。透過「傾聽」，松下幸之助表達了他對大家的理解，消除了反對者的不滿，也贏得了他們的理解與支持。

在說服他人時，你可以透過傾聽對方的話，以及其言外之意來判斷對方內心真正想要的是什麼，從而有針對性的說出你的想法和觀點，使他願意考慮按照你的意願行事。

傾聽是幫助我們找到說服他人的突破口的關鍵因素，在恰當的時間拋出我們的觀點，讓被說服者能夠接受它，有利於我們進行下一步的說服工作。因此，在傾聽過程中，需要你掌握一些必要的插話技巧：

■ 對方在敘述事情的時候不能控制自己的感情，交談就不能很好的進行。這個時候，你就要適時的用一、兩句話來疏導。比如：

「你今天情緒好像有點煩躁。」

「你心裡很不舒服嗎？」

當對方聽到你說這樣的話後，會向你傾訴一番。把心裡的鬱悶、不高興的事情說出來後，會感到很輕鬆。那麼，接下來就能夠很從容的完成對事情的敘述。

■ 當對方由於擔心你對某個問題不感興趣，表現出猶豫、吞吞吐吐的樣子時，你可以趁機說一、兩句表示安慰的話，讓對方知道你願意繼續聽。比如：

「你能詳細的談談那件事情嗎？我知道的不是很多。」
「接著說，我竟然不知道。」
「對於這件事情，我很感興趣。」

■當對方在訴說時表現出迫切的想讓你理解他所說的內容時，你可以用一、兩句話來綜述一下對方所訴說內容的意思，讓他知道你明白了他的意思。比如：

「你說的是……。」
「你的想法是……。」
「你想表達的是……。」

這樣的綜合複述能夠及時的讓對方了解你對他談話內容的理解程度，不但能夠讓對方感受到你的真誠，而且便於對方糾正你在理解中出現的偏差。

提問小祕訣

卡內基認為，在溝通的各項能力中，最重要的就是傾聽的能力。

03 失意人前別談得意之事

很少有人願意聽你的得意之事，自我炫耀的效果往往是適得其反。

在生活中，很多人喜歡在別人面前炫耀自己，逢人便炫耀自己如何能幹、如何富有，完全不顧及別人的感受，甚至沒有顧及當時的聽者是不是正處於人生的低潮。他們總以為誇誇其談後就能得到別人的敬佩與欣賞，而事實上，很少有人願意聽你的得意之事，自我炫耀的效果往往是適得其反。

王凱約了幾個好朋友到自己家裡聚會，主要的目的是想借著熱鬧的氣氛，讓目前正處於低潮狀態的李峰想開一點。

李峰不久前因經營不力，公司破產，妻子也因為和他感情不睦在鬧離婚。他現在是內憂外患，不堪重負了。大多數人都知道李峰目前的狀況，因此都避免去觸及與此有關的事。但其中一位朋友酒一下肚，就口不擇言了，又加上剛做生意賺了一大筆，忍不住就開始大談他的賺錢經歷和消費能力，說到興奮處還手舞足蹈，得意之情溢於言表，這讓在場的人都感覺不舒服。

正處於失意中的李峰更是臉色難看，低頭不語，一會兒去抽菸，一會兒去上廁所。最後實在聽不下去了，就找了個藉口提前離開。臨走前，他對送客的王凱生氣的說：「會賺錢有什麼了不起，有必要在我面前炫耀嗎？」

人在得意的時候難免有張揚的欲望。但是案例中的那位朋友在談論他的得意時，沒有注意場合和對象。他可以在公開場合說，對他的員工談，享受他們投給他的欽羨目光；也可以對他的家人談，讓他們以他為榮，但就是不能在失意的李峰面前談。因為失意的人最脆弱，也最敏感。無心的談論在李峰聽來可能充滿了諷刺與嘲諷，讓李峰感受到被「瞧不起」的感覺。

劉成、張思、王啟等人一起炒股。剛開始的時候劉成每猜必中，所以其他人一起向他看齊，劉成買什麼，大家都會跟著他。而劉成也因此故弄玄虛起來，說自己炒股獲利完全得益於自己得天獨厚的「第六感」。

可是，自從劉成在那次大話之後，逢炒必虧，他的第六感也不管用了。因此，張思等人一起集眾人智慧炒股。而失落的劉成這邊，只有王啟一人對他的態度依然如故。當張思等人炒股收盤高呼時，王啟獨與劉成黯然神傷，當張思等人炒股舉行慶功宴時，王啟獨與劉成吃便當。

王啟還告訴劉成，每個人都有走入低潮時，都有不順心的事情，大可不必為此苦惱，要勇敢面對這種失意，想辦法走出谷底，再創輝煌。劉成非常感激他的朋友王啟給他的關心、鼓勵和陪伴，決心從低潮中走出來。後來，劉成對張思這樣的人，再也不理會了。

因此，不管在什麼時候，盡量不要去炫耀你的得意，特別是在失意人的面前，應盡量保持一顆平常心，同時要對失意的人多一點同情和理解，只有這樣，你的得意才能持久，你的朋友才會更多。

提問小祕訣

得意時要看淡，失意時要看開。得意時，不忘形，宜淡然；失意時，不變形，宜泰然。成功時，不輕狂，宜超越；失敗時，不灰心，宜立志。不論得意失意，切莫大意；不論成功失敗，切莫止步。志得意滿時，需要的是淡然，給自己留一條退路；失意落魄時，需要的是泰然，給自己覓一條出路。

04 被打槍的提議，就繞圈子說

先轉移對方注意力，並用新話題引起對方興趣，如：「你的鞋子很帥氣，哪買的？」

在交談過程中，由於與談話對象不熟悉、話不投機或是不善表達等，都會出現冷場的情況。冷場無論對於交談、聚會，還是議事、談判說服，都是令人窘迫的局面。在人際關係中，它無疑是一種「冰塊」。打破冷場最有效的技巧就是善於尋找話題。

有一次，足球評論員黃健翔採訪荷蘭球星古力特（Ruud Gullit）。但交談才剛開始對方就拒絕了他，談話陷入了冷場，怎麼辦？

古：「對不起，我不接受記者的採訪。」

黃：「你誤會了，我不是想採訪你。我只是想向你祝福，你看我手中這些信，都是喜歡你的球迷寫給你的，這些信中表達了一個意思，就是向你祝福。」

古：「中國球迷真讓我感動。」

黃：「那麼，我能不能代表中國球迷問你幾個問題？」

古：「當然可以……。」

黃健翔聰明的轉移了對方的注意力，並用新話題引起對方的興趣，以自己的誠懇爭取和對方說話的機會，打動對方，使雙方的對話得以在親切溫馨的氣氛中進行。最後，他又巧妙的把話題重新導向了他最初採訪的目的上。

小王畢業後應徵進一家公司做業務員。幾個月後，公司安排他去北方跑業務。由於這是小王第一次出差，因此他感到很興奮。在火車上，他百般無聊，一會兒看看窗外的風景，一會兒看看手機。他看到對面坐著一個戴著帽子的女孩，文文靜靜的坐在座位上，看起來性格很內向。

小王想和這個女孩打招呼，但又不知道說些什麼。女孩也想和小王說話，但動了動嘴脣，又閉上了。

過了一會兒，女孩從包包裡拿出一本厚厚的書打開看，小王立馬找到打破冷場氛圍的好辦法：「你好，你看的是李勁的《99%的人輸在不懂拒絕》啊，這本書很不錯的，我非常喜歡這本書。」

女孩羞紅了臉，說：「我剛開始看，對裡面的一些內容很感興趣。」

「我們可以交流一下，我以前讀過這本書……」小王邊說邊湊過來，兩個人你一言我一語的交談起來。一個小時很快過去了，女孩下車時，兩個人已經成了好朋友。

話題豐富的人，總會在各種環境下，找到合適的話題來打破冷場的氛圍，讓交談進行下去。因此，我們要善於尋找話題，打破冷場，化解尷尬，這樣才能為說服別人打下良好的基礎。

下面列舉幾個打破冷場的話題：

■「你的鞋子很帥氣」——有關服裝的話題。對於初次見面的人，稱讚他的衣著是最安全的一句話，同時還能體現你的禮貌大方，並且讓他心中暗爽，與此同時你的印象分也在逐漸飆升。

■「你看過《○○○》電影了嗎」——最近熱門的流行資訊。談論最近比較大眾化的熱門事件、流行文化等也是拉近兩個人距離的好方法，如近期上映的電影，或很火熱的書籍、漫畫等，遇到對方感興趣的內容，他一定會興致勃勃的參與話題發表自己的看法。

■「天氣真好」——有關天氣和季節的話題。這樣的話題既可以避免冷場，又是沒有破綻的救急話題，最適合初識並不熟悉的雙方。談論天氣、四季流轉，既能引起雙方的共鳴，也可以展開談話。

■「如果你要去旅行，會想去哪？」——使人產生聯想的話題。如果能聊到使人產生聯想的話題，談話內容肯定就會豐富很多，從中也能了解到對方的興趣愛好、性格脾氣等。這是一個永遠不會過時的話題，想去的地方、去過的地方、旅行中發生的趣事、遇到的那些有趣的人……這個話題絕對不會讓你們沒話講，而且討論起來往往滔滔不絕難以收尾。相同的興趣愛好更容易縮短兩個人的距離，打破冷場，就從討論旅行開始。

提問小祕訣

關心、體諒、坦率、熱情是打破冷場的最有力的「武器」。當你在人際交往中遇到冷場時，只要以這樣的態度去努力，「寒冰」自然可以融化，尷尬局面也就不難打破了。

05 示弱是最偉大的力量

人們不會對比自己幸福的人產生同感，只會對比我們不幸的人感同身受。

在說服他人的過程中，與對方發生異議是常有的事情。但是很多人都會逞一時口舌之快，贏得這場辯論。這種做法不僅會引起對方的不滿和抵觸情緒，還會導致問題更嚴重。這時候我們就需要動腦筋，運用自己的智慧來更好的達成我們的目的。

人們普遍都有一種喜歡被人重視的心理。當我們要說服別人時，不妨放低姿態，向對方示弱，滿足對方心理上的需求，使其願意聽從於你。老子說：「弱之勝強，柔之勝剛。」也就是說，柔弱的東西反而能戰勝剛強的東西。因此，在說服時若能將這一哲學觀點運用於其中，對我們順利達成目的會有很大幫助。

美國前總統班傑明．富蘭克林（Benjamin Franklin）年輕時，曾在費城開了一個小小的印刷廠，並曾競選州議會書記員的職位。

在選舉之前，有一位議員發表了一篇明顯表示反對他的演說。演說把富蘭克林批評得一文不值。這位議員是一位有身分、有學識、有教養的紳士。他的聲譽和才能使他在議院裡享有一定的地位。富蘭克林想要說服這位議員支持自己。

一次偶然的機會，富蘭克林聽說這位議員的藏書室裡有幾部很珍貴、很稀罕的書，想以此為突破點，說服這位議員。

富蘭克林寫了一封簡短的信給這位議員，說自己想看看這些書，希望他能答應借幾天。沒想到這位議員接到信後，立刻就把書送來了。

大約過了一個星期，富蘭克林就將那些書送去還他，另外附了一封信，熱情的向他表示感謝。

就這樣，當他們下一次在議院裡遇見的時候，議員居然跑上前來和富蘭克林握手交談了，而且非常客氣，並且說願意在一切事情上幫忙。於是，兩個人成為知己，美好的友誼一直維持終生。

有很多人對於別人來請求「小惠」常常是很高興的，尤其是當對方所請求的東西恰巧是自己最得意的東西時。富蘭克林運用這個策略，獲得了成功。

富蘭克林巧妙的、不露痕跡的表示了推崇別人的意思。那位議員儼然是一位施主，而富蘭克林則變成一個乞求施捨的人。這位議員感受到了自己地位的優勝和重要，對於富蘭克林的鄙視也在短時間內完全消失，並很快的與富蘭克林握手言歡並成為摯友。

而作為一個媽媽，要想讓孩子聽自己的話，運用示弱的方式也是很有效的方式。

劉麗是一個善於示弱的人。在生活中，她不僅善於在母親和老公面前示弱，還善於在自己才幾歲的兒子面前示弱，以此來取得兒子對她工作的支援。

有一次，劉麗與朋友王琴聊天。王琴向她請教是怎樣說服孩子支持她工作的。劉麗說：「我兒子還小，才四歲，正是黏人的時候，我在上班前，必須先安撫好他。我對付他的方法就是示弱。每天出門，我都會裝出一副很可憐的樣子，然後對兒子說：『寶貝，怎麼辦？媽媽要去上班，如果媽媽不上班，公司的哥哥姐姐就沒有飯吃，可是媽媽也好想陪著寶貝，怎麼辦，寶貝能不能替媽媽想一個好辦法？』每當我對兒子這樣說的時候，兒子就會歪著小腦袋認真的想一會兒，然後對我說：『媽媽，那妳去上班吧，我可以自己玩。』」

王琴羨慕的說：「你兒子真懂事。這麼小就懂得為他人分擔煩惱。」

所以，在劉麗看來，就算兒子很小，只要你肯彎下腰來示弱，給他足夠的信任，也能實現自己的心願。

案例中的劉麗成功的說服孩子支持自己工作，關鍵就在於她運用了示弱的方式。對於這麼小的孩子，如果直接對孩子說：「我要上班了，自己玩，聽話。」他怎麼會容易接受呢！

我們在說服他人的時候，應注意避開鋒芒，懂得示弱，讓對方在毫無戒備的情形下與你交流，這樣更有利於話題的深入，從而為自己創造更多的機會來達成目的。

提問小祕訣

示弱說服，是抓住了人們普遍具有同情心的這一個特點。正如法國思想家盧梭（Jean-Jacques Rousseau）所說：「人們不會對比自己幸福的人產生同感，只會對比我們不幸的人感同身受。即我們的直接同感只限於對他人的痛苦，而不是安逸。」因此，我們要善於利用他人的同情心，採取向對方示弱的方法，會更容易使對方同意自己的請求或觀點，最終達成說服的目的。

06 給人留面子，就是給自己留餘地

不要直接指出對方的錯誤，方法要委婉，如：「兄弟，走，我們一起到外面抽菸。」

常言道：「人非聖賢，孰能無過。」每個人都不可避免的會犯錯，要想人際關係和諧、溝通順暢，關鍵在要委婉的指出別人的錯誤。因為直接指出對方的錯誤，實際上就是在批評對方。任何人都不喜歡被他人批評，即便他明白自己確實做錯了。

有一天，蔣濤經過自己的鋼鐵廠的時候，看見幾個工人正圍在一起抽菸，這明顯違反了公司的規定，蔣濤當然可以選擇嚴厲的批評他們，或者把禁止吸菸的條例指給他們看，但他沒有這樣做，因為他知道這樣做不但起不了教育作用，而且會讓他們難堪，甚至從心底裡引起他們的怨恨，因此他採用了一種幽默且含蓄的方式。

他緩慢的走上前去，對那幾個工人說：「兄弟，走，我們一起到外面抽吧。」

這幾個工人當然能意識到蔣濤並不是要他們真的去外面抽菸，而是一種委婉的批

評，馬上對蔣濤說：「啊，我們忘了公司的規定了，對不起，請你原諒。」然後他們立即把菸熄滅，重新回到了工作崗位上。

案例中蔣濤委婉的指出了工人的錯誤，既保留了對方的顏面，又讓工人自覺的意識到了他們自己的錯誤。如果蔣濤直接說：「工廠裡規定是不可以吸菸的。」那結果會是怎麼樣，想必大家心裡都清楚。

當你指出別人的錯誤，尤其是直截了當的指出時，一般人似乎都會受不了。他會因此產生一種讓人覺得不可思議的強大力量，正是這種力量迫使他拒絕接受你的批評或指正，即使他明明知道你是為他著想。

心理學家指出，這種強大的力量中有很大一部分是自我認同感在起作用。當自己所相信的東西被懷疑或否定之後，每個人都會產生一種焦慮，感到自己的自尊被傷了，甚至感到自己的安全已經沒有了保障。結果，他會本能的拒絕承認自己的錯誤，即使他認為你說的是對的。因此，當你想要說服一個人，讓他明白自己的錯誤的時候，千萬**不要直接指出對方的錯誤**，以免傷害對方的自尊心。

十九世紀義大利著名歌劇作曲家羅西尼（Gioachino Antonio Rossini），非常嚴肅認真、非常在意獨創性。有一次，一位作曲家製作了一曲自己的新作，特別請羅西尼去聽他演奏。羅西尼坐在前排，興致勃勃的聽著，一開始聽得滿入神，繼而有點不安，再而臉上出現了不快的神色。演奏按其章節繼續下去，羅西尼邊聽邊不時把帽子脫下又戴上，那位作曲家也注意到了他的這個奇怪的動作和表情，就問他，「是不是這裡的演出條件不好，是不是太熱了？」

「不，」羅西尼說：「我有一見熟人就脫帽的習慣，在閣下的曲子裡，我碰到那麼多熟人，就不得不頻頻脫帽了。」

羅西尼的言外之意是這位作曲家抄襲了他人的曲子。可是，羅西尼並沒有直接指出這位作曲家的錯誤，因為直接的指責會使對方十分難堪。所以，羅西尼運用肢體語言及其說明（一見熟人就脫帽的習慣）來委婉的表達他的意思。總之，在說服別人的過程中，為了維護對方的自尊心，不使他尷尬，就要委婉的指出對方的錯誤。

提問小祕訣

讓對方欣然接受他的不足，需要注意：（一）雙方要相互尊重，這是人與人交往的前提；（二）不要找任何理由來指出對方的錯誤，因為他會對你產生抗拒心理，從此不再接受你；（三）要用平和的語氣間接的指出對方的不足；（四）不要妄圖透過批評對方來顯示你的優越和高明，這樣你是不會受歡迎的。

第十章

原來行不通的事，
怎麼換個方法說？

01 南風法則，用話傳遞人情味

多點人情味，就能贏得對方的信任，如用「還有誰沒有買到票？」取代「誰還沒買票？」

法國有一則寓言：

北風和南風比威力，看誰能把人身上的大衣脫掉。北風使出渾身解數，凜冽刺骨，結果行人為了抵禦北風的侵襲，便將大衣裹得緊緊的；而南風則是徐徐吹拂，風和日麗，行人因為春日融融便解開鈕扣，繼而脫掉大衣。在這場比威力的競賽中，南風獲得了勝利。

在心理學中，人們把運用南風式的方法而獲得顯著工作績效的現象稱為「南風法則」。南風法則啟示人們，溫暖勝於嚴寒，引導勝於壓迫，最有威力的武器往往是關心和尊重。

在使用南風法則上，日本企業的做法最引人關注。在日本，幾乎所有的公司都很注重人情味和感情的投入，給予員工家庭般的情感撫慰。索尼公司共同創辦人盛田昭夫曾說：「一個日本公司最主要的使命，是培養它同雇員之間的關係，在公司創造一種家庭式情感，即經理人員和所有雇員同甘苦、共命運的情感。」

中國教育家陶行知的「四塊糖果」是「南風效應」的經典例子。

陶行知在擔任育才小學校長時，在校園看到一個叫王友的男生用泥塊砸自己班上的男生，當場阻止了他，並要他放學後去校長室。

放學後，陶行知來到校長室，王友已經在門口準備挨訓了。但一見面，陶行知卻掏出一塊糖果送給他，並說：「這是獎賞你的，因為你按時來到這裡，而我卻遲到了。」

王友驚訝的接過糖果。

隨後，陶行知又掏出一塊糖果放到他手裡，說：「這塊糖也是獎賞你的，因為當我要你不要再打人時，你立即就住手了，這說明你很尊重我，我應該獎賞你。」

王友更驚訝了。

陶行知又掏出第三塊糖果塞到王友手裡，說：「我調查過了，你用泥塊砸那些男生，是因為他們欺負女生；你砸他們，說明你很正直善良，有跟壞人做鬥爭的勇氣，應該獎勵你啊！」

聽了陶行知的話，王友感動極了，他流著眼淚後悔的說：「陶……陶校長，你……你打我兩下吧！我錯了，我砸的不是壞人，而是自己的同學呀……。」

陶行知滿意的笑了，他隨即掏出第四塊糖果遞過去，說：「為你正確的認識錯誤，我再獎賞給你一塊糖果，可惜我只剩這一塊糖了，我的糖發完了，我看我們的談話也該結束了。」說完，就走出了校長室。

教師在教育學生時要講究方法，憤怒的對學生拍桌、摔椅，甚至體罰，會使學生的「大衣裹得更緊」；相反的，採取和風細雨「南風」式的教育方法，則會輕而易舉的讓學生「脫掉大衣」，達到教育的目的。

喬・吉拉德（Joe Girard）是金氏世界紀錄大全認可的世界上最成功的銷售人員，他認為，賣汽車，人品重於商品。一個成功的汽車銷售人員，肯定有一顆尊重普通人的愛心。他的愛心體現在他的每一個細小的行為中。

有一天，一位中年婦女從對面的福特汽車銷售商行，走進了吉拉德的汽車展銷室。她說自己很想買一輛白色的福特車，就像她表姐開的那輛福特車一樣，但是福特車行的經銷商要她過一個小時之後再去，所以先來這瞧一瞧。

「夫人，歡迎妳來看我的車。」吉拉德微笑著說。

婦女興奮的告訴他：「今天是我五十五歲的生日，想買一輛白色的福特車送給自己作為生日禮物。」

「夫人，祝妳生日快樂！」吉拉德熱情的祝賀道。隨後，他輕聲的向身邊的助手交代了幾句。

吉拉德領著夫人從一輛新車面前慢慢走過，邊看邊介紹。在來到一輛雪佛蘭車前時，他說：「夫人，妳對白色情有獨鍾，瞧這輛雙門式轎車，也是白色的。」

就在這時，助手走了進來，把一束玫瑰花交給了吉拉德。他把這束漂亮的花送給夫人，再次對她的生日表示祝賀。

吉拉德的舉動奏效了，那位夫人感動得熱淚盈眶，非常激動的說：「先生，太感謝你了，已經很久沒有人送我禮物了。剛才那位福特車的經銷商看到我開著一輛舊車，一定以為我買不起新車，所以在我提出要看一看車時，他就推辭說需要出去收一筆錢，我只好上你這兒來等他。現在想一想，也不一定非要買福特車不可。」

最後她在吉拉德這兒買走了一輛雪佛蘭，並寫了全額支票，其實從頭到尾吉拉德都沒有勸她放棄福特而買雪佛蘭。只是因為她在這裡感受到了重視和關心，於是放棄了原來的計畫，轉而選擇了吉拉德的產品。

這位中年婦女本來不打算買吉拉德的產品，但因為吉拉德很懂得關心客戶，使客戶感受到了溫暖，所以，這位中年婦女才會愉快的轉而選擇吉拉德的產品。可見，只要你付出真誠，讓對方感受到你的關心，就能贏得對方的信任，從而接受你提出的建議。

因此，在遭到拒絕或不利於自己的情況時，不妨巧施「南風法則」，用真誠、愛心溫暖對方，讓他從拒絕改為接受。

提問小祕訣

南風法則運用到管理實踐中時，則要求管理者要尊重和關心部屬，時刻以部屬為本，多點「人情味」，多注意和解決部屬日常生活中的實際困難，使部屬真正感受到管理者給予的溫暖。這樣，部屬出於感激就會更加努力積極的為企業工作，維護企業的利益。

02 激將法，對逆反心理最有效

潑冷水、唱反調，可說服傲驕之人，如：「我懷疑你們不能招募到管理、操作設備的人。」

激將法是指掌握被激勵者的心理，狠狠的潑上一盆冷水、狠狠打擊一下對方的情緒。這樣，被激勵者往往會在憤怒之下迸發出本身擁有，但是一直隱藏著的力量。

在生活中，有些人是好言相勸他不聽，這時候我們就有必要採取**非正常**的手段——激將法來進行說服。

明德橡膠廠進口了一整套價值近千萬元的現代化膠鞋生產設備，由於原料與技術力量跟不上，擱置了四年無法使用。後來，新任的劉廠長決定將這套生產設備轉賣給另一家橡膠廠（廣元橡膠廠）。

正式談判前，明德橡膠廠方了解到廣元橡膠廠方的兩個重要情況：該廠經濟實力雄厚，但基本上都投入了再生產，要馬上拿出錢添購設備，困難很大；該廠的姜廠長年輕好勝，幾乎在任何情況下都不甘示弱，甚至經常以拿破崙自詡。

對內情有所了解後，劉廠長決定親自與廣元橡膠廠的姜廠長進行談判。

劉廠長：「昨天我在貴廠轉了一整天，詳細的了解了貴廠的生產情況。你們的管理水準確實令人信服。你年輕有為、能力非凡，真讓人欽佩。」

姜廠長：「哪裡，劉廠長過獎了！我年輕無知，懇切希望得到劉廠長的指教！」

劉廠長：「我向來不會奉承人，實事求是是我的本性。」

姜廠長：「劉廠長對我們工廠的設備印象如何？不是說打算把你們進口的那套現代化生產設備賣給我們嗎？」

劉廠長：「貴廠現有生產設備，在國內看，是可以的，至少三、五年內不會有什麼大的問題。關於轉賣設備之事，我有兩個疑問：第一，我懷疑貴廠沒有經濟實力購買這樣的設備；第二，我懷疑貴廠沒有或者說不能招募到管理、操作設備的人。」

姜廠長聽到這些，覺得受到了劉廠長的輕視，十分不悅。於是，他用炫耀的口氣向明德橡膠廠的劉廠長介紹了工廠的經濟實力和技術力量，證明工廠有能力購進並操作管理這套價值近千萬元的設備。經過一番周旋，明德橡膠廠成功的將「休養」近四年的設備轉賣給了廣元橡膠廠。

劉廠長的激將法之所以成功，就在於他提前做好了調查，清楚姜廠長是個年輕好勝的人。激將法在爭強好勝的人面前，往往更容易突顯效果；而對於含蓄內斂、自卑感強的人來說，效果卻不太明顯。

換句話說，**激將法之所以有效，是因為它往往能激起對方的憤怒感、羞恥感、自尊心、嫉妒心和虛榮心，讓對方為了面子，做他平日裡不敢做或不願做的事情**。

比如，一位女性在挑選一套化妝品時，對某種牌子的化妝品較為中意，但又猶豫不決，這時，銷售人員可以適時說一句：「要不徵求一下妳先生的意見再做決定？」這位女士一般會回答：「我自己可以做主，這事不用和他商量。」

某單位一位部門經理很想購買一臺當前最新款式的電腦，但又擔心主管責罵，所以交易一直談不成。與他洽談的銷售人員多次告訴他：「四八六型電腦早就過時了……」但任憑銷售人員口沫橫飛，這位部門經理就是不為所動。

經過再三考慮，銷售人員決定用激將法刺激一下該部門經理。他想，也許該經理會為了保全面子把害怕主管責罵這事拋到腦後。於是，這位銷售人員走進部門經理的辦公室，用力拍他的四八六型電腦，並且大聲說：「T型福特，這叫T型福特。」

「什麼叫T型福特？」這位經理問：「T型福特轎車是福特公司曾風靡一時的名車，不過早就過時了，就像這臺四八六型電腦。現在誰還會用這種古董？」

激將法果然產生了效果。兩天後，該部門經理購買了當前最一流的電腦設備。

但使用激將法時，一定要注意以下幾點：

■ 要因人而異。

在運用激將法時，一定要注意區分對象，要根據不同性格的人因人施法、對症下藥，絕對不能濫用，否則會適得其反。

■ 要注意把握時機。

運用激將法還要看準時機，如果出言太早、時機不成熟，就會嚴重打擊對方的信心，出言太遲，就又變成了「馬後炮」，不能起到應有的效果。

■ 要拿捏好分寸，防止過猶不及。

在使用激將法時，除要注意因人而異和把握機會外，還要拿捏好分寸。如果不痛不癢，那就是隔靴搔癢，但如果言語過於刻薄，又會讓對方產生反感。

提問小祕訣

使用激將法之前，一定要深入分析對方的性格特點以及時間、場合等。同時，在交談之前最好能夠在心中打好草稿，以免臨時組織起來的語言出現過激的情況。

03 這樣做他有什麼好處或壞處？

避害是人的本性，有時「以害唬人」要比「以利誘人」更有說服力。

趨利避害是人類的本能。中國人常說：「兩利相權取其重，兩害相權取其輕。」我們在說服別人的時候，如果能順應人的這一本性，說明某些做法的好處或壞處，往往就會收到想要的效果。

提到李寧，我們自然會想到那個創造了世界體操史上「體操王子」神話（按：曾獲得十四個世界冠軍，一百零六枚國內外體操比賽金牌），但是在他即將退役的時候，「體操王子」卻迎來了人生的重大抉擇，他可以繼續自己的事業，到廣西體委任職，或是到國家代表隊當教練，也可以進入演藝界，走上偶像明星之路。

當時中國著名運動飲料品牌健力寶公司的總裁李經緯向李寧發出了邀請，想邀請他加盟。

兩個人會面後，對方先談起一個美國運動員退役後成功創辦自己體育品牌的歷程，李寧若有所思。然後，當李寧提出想要創辦一所體操學校時，這位總裁說：「這是一個好想法，當然你也可以靠國家撥款資助，但是想必會遇到一些困難，還不如自己創條路子，比如，就創一個李寧牌運動服，等賺了錢，你想辦體操學校，不要說是一所，就是辦十所也不是問題。」

聽了這番話，李寧為之一動。這時對方繼續說：「我那時創業走了不少彎路，你要是從零開始，那實在太難，還不如到我們公司來，健力寶需要你這樣的人，也能幫助你實現自己的理想，我相信只要我們攜手合作，絕對是一加一大於二。」

這樣一席話終於讓李寧下定決心加入健力寶，後來李寧果然成功創辦了以自己名字命名的運動品牌。

健力寶總裁正是說出了能打動李寧的「利」，並曉之以理，才能成功的說服了他。「天下熙熙，皆為利來；天下攘攘，皆為利往。」在我們說服對方時，如果雙方所追求的利益是一致的，那麼說服過程就會很順利，最終可以得到令雙方皆大歡喜的結果。這好比是乘船在大海中航行，在遇到海浪襲擊的時候，船上的人都會齊心協力，同舟共濟的避免禍患的侵襲，而求生就是他們共同的利益。

但是如果雙方的利益不一致，那麼他們就會堅守自己的利益，互不相讓，最後很有可能出現兩敗俱傷的結果。不過，無論雙方再怎樣針鋒相對，也都可以找到互惠互利的方法。只要找到雙方的共同利益，那接下來的說服工作就會變得很簡單。

一平去拜訪一位退役軍人，軍人有軍人的脾氣，說一不二，剛正而固執。如果沒有讓他信服的理由，講得再多也是白費心機。所以，一平對他說：「保險是必需品，人人不可缺少。」

「年輕人的確需要，我就不同了，不但老了，還沒有子女。所以不需要。」

「你這種觀念有偏差，就是因為你沒有子女，我才積極的勸你參加保險。」

「道理何在呢？」

「沒有什麼特別的理由。」

「哼，要是你能說出令我信服的理由，我就投保。」

一平故意壓低音調說：「我常聽人說，為人妻者，沒有子女承歡膝下，乃人生最寂寞之事，可是，單單責怪妻子不能生育，這是不公平的。既然是夫妻，理應由兩個人一起負責。所以，當丈夫的，應當好好善待妻子才對。

「如果有兒女，即使丈夫去世，兒女還能安慰傷心的母親，並擔起撫養的責任。一個沒有兒女的婦人，一旦丈夫去世，留給她的恐怕只有不安與憂愁吧，你剛剛說沒有子女所以不用投保，如果你有個萬一，請問尊夫人怎麼辦？你贊成年輕人投保，其實年輕的寡婦還有再嫁的機會，你的情形就不同了。」

那名退役軍人默不吭聲，一會兒，他點頭說：「你講得對，好！我投保。」

「避害」是人的本性，因為避害可以減少損失、預防危機，這在某種意義上就是

「趨利」。有時「以害唬人」要比「以利誘人」更有說服力。一平正是利用了這一點，分析了這位退役軍人不買保險的後果，讓對方意識到了潛在的危機，最終說動了對方。

戰國時期魯哀公大興土木，規模空前。公宣子第一次勸阻：「房舍過大，多住人則喧鬧，少住則空曠，望酌量。」哀公不聽。第二次勸阻：「魯國弱小而住室很大，百姓知道了，會怨恨我君；諸侯知道了，又會輕視嘲笑我國。」哀公仍建造不停。公宣子第三次勸阻道：「左邊右邊都是先祖之廟，在中間興建又多又大的房舍，恐怕有害於吾君。」哀公一聽，馬上命令拆除築板停止興建房舍。

公宣子前兩次沒有成功，而第三次成功的原因就是因為古人最害怕先人之廟作祟，這事關重大，怎能不聽？於是下令停止興建。前兩次提出的理由對魯哀公來說無關痛癢，什麼喧鬧、空曠，什麼百姓、諸侯都打動不了他的心。

提問小祕訣

面對拒絕，說服高手總是善於利用人「趨利避害」的本性，讓對方不再拒絕。

04 先表達肯定和認同，再說否定的理由

先肯定對方的觀點，可避免傷害對方的感情，如：「是的，這個提議非常好，但是目前我們還不宜採用。」

當我們遇到拒絕意見時，我們不妨將計就計。比如，客戶說「我對保險沒興趣」，銷售高手則會說：「你說你對保險沒興趣，那沒關係，因為你事業忙，可能對事業以外的事沒興趣，我可以義務幫你參謀，其實保險的確是沒興趣時才買得到，感興趣時就買不到了，所以現在正是你買保險的好時機。」接著銷售人員開始解釋，最後慢慢的讓對方頻頻點頭，之後決定購買。

又比如，客戶說「我沒有錢」，銷售高手則會說：「那沒關係，我能體會你的立場，你現在沒錢，我想你也不希望自己將來沒錢。所以從現在開始請你每天節約一部分……想想當時發行股票認購時大部分人都說沒錢買，現在看買的人全發了。如果大家都早知道，那麼就算借錢也要買。我們的險種是老少皆宜、豐儉由人、有錢多買、錢少就少買，你看是三個單位還是五個單位比較合適？」這樣的話對方聽了怎能不動心？

許多人在說服別人的時候，都喜歡證明自己是百分之百的正確，而對方的所有觀點都是錯誤的。其實，說服高手總是**先承認對方的拒絕意見，然後以「是的……但是」這種方式說服對方**。

俄國十月革命取得了勝利，象徵沙皇反動統治的皇宮被革命者視為「眼中釘」，欲除之而後快。

有一天夜裡，許多參加革命的農民拿著火把喧囂著從四面八方湧向皇宮，準備將這座舉世聞名的皇宮付之一炬，以洩他們多年來壓抑心頭的怒火。而一些明智的革命者知道此舉的錯誤性，因此極力勸阻激憤的人群不要魯莽行事，但仍無濟於事。

就在這關鍵時刻，列寧趕到了現場。他在了解清楚情況後，面對一臉激憤的人們，他很懇切的說：「同胞們，皇宮是可以燒的，但是在焚燒它之前，能不能聽我說幾句話？」

人們見列寧同意他們燒皇宮，逐漸安靜下來，又聽列寧要說幾句話，都齊聲說：「說吧！說吧！」

列寧大聲問：「你們知道皇宮裡面住的是誰嗎？」

現場的人們齊聲回答道：「是沙皇，統治我們、奴役我們的人。」

列寧又問：「那它又是誰建造的呢？」

「是人民群眾，是我們！」人群中高聲回應。

「既然是我們人民群眾修建的，那讓我們人民代表去住，你們說怎樣呀？」

現場的人們愣了愣，隨後大聲說：「可以！」

列寧又問：「那你們現在還要燒它嗎？」

「不燒了，不燒了，留著給人民代表住！」人們異口同聲的回答。

就這樣，在列寧的循循善誘下，這座舉世聞名的建築才得以被保存了下來。

在這個過程中，列寧並沒有強硬的阻止人們，而是順著對方的觀點，進行了合理解釋，以理服人，讓人們意識到自己真正想要的答案，最後人們主動放棄燒毀皇宮。

因此，當對方拒絕你的要求時，我們可以先順著對方的觀點，然後進行合理解釋，讓對方重新認識自己真正的答案，從而由拒絕改為接受。

提問小祕訣

將計就計，是出自《張子房圯橋進履》，表示利用對方所用的計策，反過來對付對方。

05 旁敲側擊，從側面突破對方的防線

「週末有沒有和朋友一起出來玩？」「有啊，我和朋友一起逛商場了。」「我想是妳老公吧？呵呵。」「還不是，是男朋友。」

旁敲側擊，比喻說話、寫文章不從正面直接點明，而是從側面曲折的表明觀點或加以諷刺、抨擊。很多時候，我們如果從正面去問，有可能被拒絕。所以，這個時候最好的辦法就是從側面入手，透過旁敲側擊的方式，讓對方慢慢的說出你想要的答案。

在漢武帝年間，雍州有個叫曹遲的小吏，因為頭腦精明、辦事麻利，深得縣令的欣賞，被升為雍州一個縣的縣尉，輔助縣令處理政務。

曹遲剛到縣城時就聽到百姓在街頭巷尾對政務議論紛紛，於是他喬裝打扮成過路客商，深入百姓之中調查。

原來百姓們都在說原來的縣尉只做了短短的半年，就因為性格直率、經常頂撞縣令而被縣令找了個藉口給革職查辦了。再仔細打探一番，才知道自己的主管很不得人

心。縣令雖然為官清廉，但是能力有限，而且碌碌無為，經常出現錯判事件。百姓們有苦難言，只能在嘴上出氣。

了解了這些情況後，曹遲走馬上任了。沒幾天時間，曹遲就發現縣令斷案漏洞百出，經常把好人當成壞人，把壞人當成好人。曹遲想：我若直接說出他的不對，很容易得罪縣令，到時候自己下臺了，宏圖之願就無法實現了；可是如果一切都順著縣令，這又不符合自己做人的原則。這讓他一時陷入了兩難的境地。

不過曹遲是個聰明人，他想到了一條妙計：糊塗之中隱藏大智慧。於是曹遲表面上也裝著糊里糊塗、順著縣令，不過暗地裡卻旁敲側擊的給縣令一些提示，等縣令自己得出結論後，曹遲則稱讚縣令的英明。沒過多久，縣令在曹遲的輔佐下，犯的錯誤越來越少。百姓們又議論開了，都說是曹遲的到來才使得不再有冤假錯案的發生。一年之後，曹遲被提拔為縣令。

曹遲的聰明之處在於，他吸取了前任縣尉的教訓，沒有越俎代庖，也沒有直接提意見，與縣令爭辯和理論。他懂得在糊塗之中旁敲側擊，向縣令提出獨到而正確的見解，不僅沒搶了主管的風頭，讓主管難堪，還讓主管覺得自己真的很英明。他因此避免了重蹈前任縣尉覆轍的下場，收到了良好的效果。

因此，在與人交談的時候，當你處於被動狀態或者遭到拒絕時，就要避開正面衝突，採取側面出擊的策略。這就好比兩軍交戰，在你被動的情況下，最好的辦法就是避免與對方正面硬碰硬，採取從側面突破的辦法，打開對方的話匣子。

接下來我們一起看兩個對話。

對話一：

A：「妳結婚了？」

B：「這個問題，我不想告訴你。」

對話二：

C：「週末有沒有和朋友一起出來玩？」

B：「有啊，我和朋友一起逛商場了。」

C：「我想是妳老公吧？呵呵。」

B：「還不是，是男朋友。」

對話一中的直接提問，沒有得到答案。婚姻問題是一個人的隱私，直接提問不僅得不到你想要的答案，還會引起對方的反感。對話二透過從側面入手，旁敲側擊，更有利於誘導出你想要的答案。

因此，在說服他人的過程中，當遇到拒絕意見或者處於被動狀態時，你最好從側面突破，旁敲側擊，攻破對方的防線。

提問小祕訣

面對一個觀點與人相左又比較固執的人，如果正面提問不能起到作用，那麼不妨採用假設性的提問旁敲側擊，這樣往往會獲得意想不到的答案。

06 沉住氣，成大器

世上只有一種方法，能讓一個人從爭辯中獲得最大利益，那就是停止爭辯。

在雙方的對峙中，如果你的競爭對手一直在採取行動，你也一直在動，那麼你的勝算就會很小。相對而言，假如你動得少一些，在對方動的時候，觀察態勢，你就會更加了解對方，從而能夠做到制動，即把你的劣勢轉為優勢，從而更快速的贏過對方。這就是以靜制動的策略。在談判中使用此策略，效果非常有效。

劉濤是個談判高手，每次公司有重要的談判，他都是作為主力出現在談判桌上。即使再困難的談判，劉濤都能扭轉局面，而且還會反敗為勝。

有一次，劉濤代表公司與一位合作廠商談判。劉濤的公司主要經營機床零件，一般情況下，他們公司都有固定的合作單位。然而這次的訂單很急，固定的合作單位生產力已經不足，所以，他們需要尋找更多的合作夥伴。

劉濤的主管經過多次考察，覺得這個工廠不錯。劉濤的談判任務就是和對方確定合作的條件，以合同的形式約定利潤分成；重要的是在保證品質的前提下，爭取最大利潤，壓低價格。

坐在談判桌上，劉濤氣勢逼人，使得對方年輕的廠長都不敢直視他。在一番開場白之後，廠長報出了價格，並且闡述了這個報價的詳細資料。這時，他原以為劉濤會馬上壓價，沒想到，劉濤卻不動聲色的說：「這個報價單中，有幾項成本還可以控制。」說完，劉濤就靜靜看著對方。對方廠長心裡自然有數，他們在定報價的時候也是考慮利潤的，所以有些成本控制比較鬆。沒想到，劉濤一眼就看出來了，廠長心裡有些發虛。他做出解釋，並且承諾降低價格。

劉濤冷冷的說：「這個事情簡單，那就現在再做一份報價單吧，我只想要最低報價。」二十分鐘後，廠長又給出一個報價，劉濤看了看，搖搖頭，沒說話。廠長一咬牙，說：「這樣吧，在現在的報價基礎上再降六個百分點，這真的沒有任何空間了。」這時，劉濤露出了滿意的微笑，順利簽約了。

在說服的時候，要學會以靜制動：世上只有一種方法能讓一個人從爭辯中獲得最大的利益，那就是停止爭辯。在說服者和說服對象之間，誰能夠沉得住氣，誰就搶占了先機，也就可以掌控整個事情的發展方向。

沉不住氣的人，在冷靜人的面前，往往會以失敗告終，因為急躁的心情控制了他們的頭腦，使他們不能冷靜的思考，沒有時間來考慮自己的處境和地位，更不會坐下來認真思索真正的對策。

發明家愛迪生（Thomas Alva Edison）發明了自動發報機之後，他想賣掉這項發明以及製造技術，然後建造一個實驗室。但因為不熟悉市場行情，不知道能賣多少錢，愛迪生便與妻子米娜（Mina）商量。

米娜也不知道這項技術究竟能值多少錢，她牙一咬說：「要兩萬美元吧，你想想看，一個實驗室建造下來，至少要兩萬美元。」愛迪生笑著說：「兩萬美元，太多了吧？」米娜見愛迪生一副猶豫不決的樣子，說：「要不然，你賣時先套商人的口氣，讓他出個價再說。」

當時，愛迪生已經是一位小有名氣的發明家了，美國的一位商人聽說這件事後，表示願意買下愛迪生的自動發報機發明製造技術。在商談時，這位商人問到價錢。因為愛迪生一直認為要兩萬美元太高了，不好意思開口，於是只好沉默不語。

這位商人幾次追問，愛迪生始終不好意思說出口，他的妻子米娜上班還沒有回來，愛迪生甚至想等到米娜回來再說。最後，商人終於耐不住了，說：「那我先開個價吧，十萬美元，怎麼樣？」

這個價格出乎愛迪生的意料，他大喜過望，當場不假思索的和商人拍板成交。後來，愛迪生對他的妻子米娜開玩笑說：「沒想到晚說了一會兒就賺了八萬美元。」

成為一名說服高手，不一定要伶牙俐齒，但要懂得攻心策略，懂得什麼時候該說，什麼時候不該說，尤其要知道，什麼時候閉嘴。因此，當急於去說服某個人的時候，我們一定要沉住氣，擺出從容不迫的姿態，學會以靜制動。

提問小祕訣

說服的過程就像談判、辯論，不僅要在口頭上贏得上風，還要在心理上給對方造成壓迫。當遭到對方拒絕時，適當的採取以靜制動的策略，就會使情況峰迴路轉。

附錄A

35種方法，讓你的溝通更有效

1 多讚美對方的行為而非個人。

2 客氣話是表示你的恭敬和感激，要適可而止。

3 如果對方是經由他人間接聽到你的稱讚，比你直接告訴本人更多了一份驚喜。

4 如果是批評對方，那麼千萬不要透過第三者告訴當事人，避免加油添醋。

5 面對別人的稱讚，說聲謝謝就好。

6 有欣賞競爭對手的雅量，就算不認同，也要學會尊重。

7 除非你們有一定的交情或信任基礎，否則不要隨意提出批評。

8 避免交淺言深。

9 批評也可以悅耳，如「關於你的……我有些想法，或許你可以聽聽看」。

10 避免打著為對方好的名義，說傷害對方的話。

11 提意見的時間點很重要。

12 注意場合，不要當著外人的面批評自己的朋友或同事。

13 提出批評之外，最好提供正面的改進建議。

14 不要總是否定別人的話，比如，「不對吧，應該是……」、「不是這樣」。

15 別人自嘲的時候不要附和，比如，女生說自己胖，你說「是啊，哈哈哈」。

16 多以「你」開頭，少用「我」開頭的句子，不要一直談自己的感受和經歷。

17 在聊天時首先問問對方的情況，讓對方主動分享，會讓人覺得你友善得多。

18 文明用語，少說髒話。

19 敢於自嘲的多是高水準的人，把自己擺在低位置，是內心真正有自信的人才做得到的事。

20 跟人說話時不要靠得太近。

21 多注意口腔衛生。

22 跟人交談時避免一些小動作，姿態和氣質也是交往的重點。

23 在行事時換位思考，設身處地把自己當作對方，想想怎樣讓人覺得最舒服。

24 很多人一起聊天時，多照顧那個和大家最不熟的人。

25 對清潔阿姨、計程車司機還有服務員多說一句：「謝謝你」總是沒錯的。

26 在自己為別人做了犧牲奉獻或是受了委屈的時候，忍耐住想要告訴對方的衝動，和想要讓對方自責愧疚的欲望。這點真的很難，但是忍耐住就好。

27 在談話中保持微笑，在覺得贊同的時候點頭。

28 用微笑拒絕回答私人問題，既不會讓對方難堪，又能守住你的底線。

29 「有一說一」和「自以為是」不同，別把粗魯當成真性情。

30 不隨意打斷別人的談話，傾聽並適當給予回饋。

31 開玩笑應掌握分寸，分時分地。

32 即使產生分歧，也不要急於反駁，而要先讓對方表達清楚。

33 忌諱之事絕口不提，避免談論別人的忌諱點，以免造成誤會，傷害他的自尊。

34 盡量不要參與八卦。

35 梳理好頭髮，整理好衣領、袖口，和褲腳，素淨、大方得體，就是對對方最好的尊敬。

附錄B

測測你的說服影響力

總會有一些朋友抱怨自己遇到了人際關係的阻礙。其實，很多時候不是關係出了問題，而是溝通出了問題。

你有沒有想過，為什麼有些人在我們眼裡是那樣的具有魅力，讓我們不由自主的想贊同他、支持他？為什麼有些人可以把人際關係處理得那麼好？為什麼我們不行？這其中有什麼奧祕？我也可以做到嗎？答案是肯定的。

感染別人、說服別人本來就是心理學中可以學習的技巧。想知道自己的影響力在哪個水準嗎？想知道自己是天生的說服家還是盲從者？接下來你可以先做一個專業的影響力測試。這個測試將會幫助你得到答案。（請自行記下每道題你的選項，全部答完後在文章末尾查看答案。）

1 在下面哪種情況下，人們更有可能被缺乏說服力，而不是更具有說服力的證據所說服？

A 趕時間。

B 對該話題根本不感興趣。

C 對該話題的興趣一般。

D A和B。

2 假設你正試著將擁有三種不同價位的同一種商品（經濟型、普通型、豪華型）推銷給客戶。在哪種情況下，你的銷售額會更高？

A 從價格最便宜的商品開始，然後向上銷售。

B 從價格最貴的商品開始，然後向下銷售。

C 從價格適中的商品開始，然後讓顧客自己決定要買哪一種。

3 人們對政治競選進行了多年的跟蹤調查，結果顯示，最有可能贏得勝利的候選人是哪一種？

A 外表最有吸引力的候選人。

B 製造大量負面的，或帶有攻擊性的新聞來防禦競爭對手的候選人。

C 擁有最有活力、最賣力的志願者的候選人。

4 研究顯示，一般情況下，自尊與被勸服之間的關係是怎樣的？

A 自尊心不強的人最容易被說服。

B 自尊心一般的人最容易被說服。

C 自尊心強的人最容易被說服。

5 假設有一位政治候選人最近剛失去民眾的信任。不幸的是，你是這位候選人的競選團隊的負責人。如果這位候選人欲藉嚴厲打擊犯罪重塑他的聲望，你認為在他開始下一站宣傳時，哪一個選項是最好的方式？

A 我的對手在打擊犯罪方面做得很不夠……。

B 很多民眾支持我打擊犯罪的意願，而且他們相信我有這個能力……。

C 雖然我的對手在打擊犯罪方面有著不俗的表現……。

6 假設你是一位理財顧問，你認為你的一位顧客在投資方面太過保守。為了說服他投資風險較高、回報也較高的項目，你應該注重講述什麼？

A 與他相似的人是如何犯同樣的錯誤的。

B 如果他在那些風險更大的項目上投資，他會得到什麼。

C 如果他沒有在那些風險較大的項目上投資，他會失去什麼。

7 研究顯示，陪審員最有可能被以下哪種人說服？

A 講話簡明易懂的證人。
B 講述時使用令人難以理解的術語的證人。
C 講述的內容有說服力的證人。

8 如果你有一則新消息，你會在什麼時候說出它是新消息？
A 在講述這則消息之前。
B 在講述這則消息當中。
C 在講完這則消息之後。
D 你不會提到這是一則新消息。

9 假設你正在介紹你的方案，且馬上就要講到關鍵內容了，這一部分包括那些極具說服力的用以支持你觀點的論據。請問，講到這一部分時，你的語速會有多快？
A 你的語速特別快。
B 你的語速稍微快一點。
C 你的語速適中。
D 你的語速很慢。

10 社會心理學的研究顯示，六個最基本的影響他人的原理是什麼？

A 熱情、愉悅、不和諧、回憶、關注、正面聯想。

B 參與、調整、催眠、反射、原型、潛意識的說服。

C 一致、權威、互惠、喜好、社會認同、短缺。

正確答案：

1	D
2	B
3	A
4	B
5	C
6	C
7	B
8	A
9	D
10	C

結果分析：

- 答對八至十個問題，你絕對是一個讓人順從的天才。沒有什麼可以教的了。
- 答對六至八個問題，說明你的說服力令人印象深刻。
- 答對四至六個問題，說明你很擅長說服他人，但你還需要繼續學習以提高你的說服技巧。
- 答對二至四個問題，說明你需要採取一些改進措施。
- 答對的問題少於三個，我想說的是，如果我有一些房產，我很願意向你推銷。

所有曾經努力過的人都應該懂得，個人的力量太過渺小，就算我們有再出色的想法、再高遠的目標，如果不能成功說服有力的幫手支持我們；如果不能透過領袖的核心力量使其成為整個團隊中每一個成員的想法和目標；如果不能感召大家一起去努力，我們的夢想永遠是空想。

如果我們不會溝通、不會說服、不會感染別人，我們在很多事情上都是十分無力的。愛情是、事業也是，影響力的缺乏會讓我們的各種關係受到阻礙。

國家圖書館出版品預行編目（CIP）資料

如何問，別人肯說；如何說，別人想聽：哪些話你得直說、反說、迂迴說，甚至不要說，最快得到你想要的結果。／劉琳著. -- 二版.
-- 臺北市：大是文化有限公司，2024.07
304 面；17×23公分. --（Think；280）
ISBN 978-626-7448-67-0（平裝）

1. CST：說話藝術　2. CST：溝通技巧

192.32　　113006356

Think 280

如何問，別人肯說；如何說，別人想聽

哪些話你得直說、反說、迂迴說，甚至不要說，最快得到你想要的結果。

作　　者／劉琳
責任編輯／張庭嘉
副總編輯／顏惠君
總 編 輯／吳依瑋
發 行 人／徐仲秋

會計部｜主辦會計／許鳳雪、助理／李秀娟
版權部｜經理／郝麗珍、主任／劉宗德
行銷業務部｜業務經理／留婉茹、行銷經理／徐千晴、專員／馬絮盈、助理／連玉
行銷、業務與網路書店總監／林裕安
總 經 理／陳絜吾

出 版 者／大是文化有限公司
臺北市 100 衡陽路 7 號 8 樓
編輯部電話：（02）23757911
購書相關資訊請洽：（02）23757911 分機 122
24 小時讀者服務傳真：（02）23756999
讀者服務 E-mail：dscsms28@gmail.com
郵政劃撥帳號：19983366 戶名：大是文化有限公司

法律顧問／永然聯合法律事務所
香港發行／豐達出版發行有限公司 Rich Publishing & Distribution Ltd
香港柴灣永泰道 70 號柴灣工業城第 2 期 1805 室
Unit 1805,Ph .2,Chai Wan Ind City,70 Wing Tai Rd,Chai Wan,Hong Kong
Tel：2172-6513 Fax：2172-4355
E-mail：cary@subseasy.com.hk

封面設計／林雯瑛
內頁排版／ Judy
印　　刷／緯峰印刷股份有限公司
出版日期／ 2024 年 7 月二版
定　　價／新臺幣 399 元（缺頁或裝訂錯誤的書，請寄回更換）
I S B N ／ 978-626-7448-67-0
電子書 ISBN ／ 9786267448656（PDF）
9786267448649（EPUB）